S147876

L'ESPAGNE

TELLE QU'ELLE EST

Envoi franco au reçu du prix en un mandat ou timbres-poste.

FRANÇOIS LOYAL
L'Espionnage allemand en France .... I vol.

HENRI CONTI
L'Allemagne intime, 4ᵐᵉ édition .... I vol.

KALIXT DE WOLSKI
La Russie juive, 3ᵉ édition .... I vol.

GEORGES MEYNIÉ
L'Algérie juive, 3ᵉ édition .... I vol.

LÉON TIKHOMIROV
Conspirateurs et Policiers (Souvenirs d'un proscrit russe), 2ᵐᵉ édition .... I vol.

J. H. ROSNY
Le Bilatéral, mœurs révolutionnaires parisiennes, 2ᵉ édition .... I vol.

JACINTO VERDAGUER
L'Atlantide, poème traduit du catalan, avec introduction sur la Renaissance de la poésie catalane par Albert Savine .... I vol.

CHARLES VIRMAITRE
Paris qui s'efface, 2ᵉ édition .... I vol.
Paris-Escarpe, 2ᵉ édition .... I vol.

ROBERT CHARLIE
Le Poison allemand, 4ᵉ édition .... I vol.

IMPRIMERIE ÉMILE COLIN, A SAINT-GERMAIN

V. ALMIRALL

L'ESPAGNE

TELLE QU'ELLE EST

PARIS

NOUVELLE LIBRAIRIE PARISIENNE

ALBERT SAVINE, ÉDITEUR

18, RUE DROUOT, 18

1887

Tous droits réservés

L'ESPAGNE

TELLE QU'ELLE EST

INTRODUCTION

Sous le titre même de ce livre, nous avons publié, il y a quelques mois, une série d'articles, dans la *Revue du Monde latin*, de Paris.

Ces articles, non sans doute en raison de leur mérite, mais certainement par suite de la nouveauté du sujet qu'ils traitaient, et peut-être aussi à cause de la façon dont ils le présentaient, ont, en France, éveillé un peu l'attention, et, en Espagne, ont obtenu un grand et réel succès.

Le tirage à part qu'en fit *la Revue* s'est écoulé en quelques heures, et la publication en langue castillane qui en fut faite à Barcelone fut épuisée en quelques jours.

En outre, ce travail a été reproduit par bon nombre de journaux espagnols.

C'est ce succès, inespéré par l'auteur, qui l'a conduit à accepter des propositions pour une édition nouvelle de son ouvrage, refondu, et présenté en volume d'une manière plus complète.

Nous disons « d'une manière plus complète », car, quoiqu'en réalité tout le texte du travail primitif soit soigneusement conservé, nous y avons ajouté plusieurs chapitres inédits, et nous en avons renforcé quelques autres par nombre de données et de renseignements curieux.

Voilà, en peu de mots, toute l'histoire de ce livre.

Si, malgré notre condition d'étranger, nous osons nous présenter ainsi, sans l'aide d'aucun introducteur, devant le grand public français, et partant, devant le public international, ce n'est ni par vanité, ni par orgueil. En étalant aux yeux de tous un tableau fidèle de notre nation — tableau dont les couleurs ne seront ni atténuées, ni chargées — nous croyons remplir un devoir, que la position que nous occupons dans la politique espagnole nous impose.

Le mouvement régional, en effet, prend de jour en jour des formes plus définies, en Catalogne et dans presque toutes les autres contrées non castillanes de l'Espagne. Nous avons consacré toutes nos forces à ce mouvement, qui ne saurait être bien compris à l'étranger sans la connaissance exacte de l'état actuel de notre pays. Les politiciens de Madrid, adversaires naturels et acharnés du régionalisme, ont un intérêt tout spécial à présenter notre Espagne comme régénérée par leurs efforts; et rien n'est plus éloigné de la vérité. Mais notre intérêt, bien au contraire, et notre cause, exigent que nous relevions, que nous déchirions l'épais rideau de simili-or qui recouvre les misères réelles dans lesquelles on nous a plongés.

Comme preuve que nous sommes bien en état de remplir la tâche que nous nous imposons, avec toute impartialité et en toute connaissance de cause, nous pouvons déclarer que, depuis bientôt vingt ans, nous prenons une part active aux affaires publiques espagnoles; mais que libre de toute attache avec les nombreux partis ou bandes politiques qui désolent notre pays, nous possédons toute l'indépendance nécessaire pour mener à

bonne fin l'œuvre que nous nous proposons.

Nous jugerons, avec la même impartialité, les monarchistes et les républicains, les conservateurs et les radicaux,
en attribuant à chacune de ces coteries,
la part qui lui appartient dans le malheur général.

La tâche que nous nous imposons,
quand bien même nous ne lui donnerions
pas toute l'extension qu'elle comporte,
est très utile dans les circonstances
actuelles.

L'Espagne est, sans aucun doute, le
pays le moins connu de l'Europe, quoiqu'elle soit peut-être un de ceux sur lesquels on a le plus écrit; car des écrivains
de tous les pays se sont fait un devoir
de lui consacrer quelque livre, et ceux
qui ne pouvaient faire le voyage en Espagne, à la mode pendant si longtemps,

copiaient les autres et présentaient au public leurs impressions réflexes.

La majeure partie de ceux qui ont écrit sur l'Espagne nous l'ont dépeinte de telle sorte que nous ne saurions nous reconnaître nous-mêmes parmi les légions de moines et de toréadors, de *manolas* et de *chulos*, de muletiers et de mendiants, dont ils ont peuplé nos villes et nos campagnes.

Il est vrai que ces écrivains ne doivent pas supporter toute la responsabilité de leur manière de voir erronée; ils ne font en cela que suivre les idées préconçues qui subsistent encore en Europe à l'égard de notre pays.

L'écrivain superficiel qui entreprend un voyage en Espagne ne voit partout, même avant d'avoir franchi la frontière, que couvents et amourettes, yeux langoureux sous les mantilles, à travers les fenêtres grillées, duègnes, castagnettes et combats de taureaux, et, durant son séjour parmi nous, il ne cherche que la confirmation de ce qu'il a rêvé, afin de frapper l'imagination de ses compatriotes par des contes romanesques et des descriptions fantastiques de costumes et de mœurs qui ne sont rien moins que véridiques.

Pour de semblables écrivains, notre état social et politique présent n'offre aucun intérêt, et ils ne daignent pas même lui accorder un regard.

Tout absorbés par leur rêve, ils ne voient pas l'Espagne réelle, quoique celle-ci soit aussi intéressante à observer que l'Espagne fantastique qu'ils ont forgée pour l'amusement de leurs lecteurs.

Quant à l'étranger qui vient chez nous avec des idées plus sérieuses et un désir réel de s'instruire, il rencontre des difficultés d'un autre ordre, et qui l'empêchent généralement de voir les choses telles qu'elles sont.

Le plus souvent, si c'est un homme de quelque importance, il arrive à Madrid muni de bonnes recommandations, et il est immédiatement accaparé par des personnages qui jouent un rôle actif dans notre politique.

Étonné de la facilité avec laquelle toutes les portes s'ouvrent devant lui, il s'éprend bientôt de ceux qui savent remplir si galamment les devoirs de l'hospitalité, et il est gagné à leur cause.

La facilité d'élocution de ses nouveaux amis et la variété de leur conversation, qui effleure tous les sujets, achèvent de le captiver.

Dès lors, quoiqu'il parcoure ensuite d'autres villes de l'Espagne, il reste sous l'influence des idées que lui ont inculquées ses amis de la capitale, idées aussi erronées que celles qu'avait imaginées l'observateur superficiel. Il ne voit les choses que sous le point de vue des intérêts des politiciens madrilènes et de leurs créatures de la province, et, en rentrant dans son pays, il connaît aussi peu le nôtre que les voyageurs qui n'y ont vu que femmes avec poignard à la jarretière et grands d'Espagne se présentant dans l'arène pour combattre les taureaux.

Madrid, en effet, est une ville douée d'une physionomie toute particulière et qui lui donne beaucoup d'attraits pour les étrangers de passage.

Elle est habitée par une foule immense de désœuvrés, d'un commerce facile, très accessibles, légers, frondeurs et amis du plaisir.

Les sommités de toute sorte qui marchent à la tête de cette multitude, aristocraties de la politique, de l'argent ou des parchemins, ne sont pas moins faciles et accessibles que le menu fretin.

Avec de bonnes manières, un habit à la mode et la bourse bien garnie, on entre partout et on parle à tout le monde, au bout de vingt-quatre heures. Or tous ces désœuvrés, ne vivant en général, directement ou indirectement, que de l'argent qui de toutes les parties de l'Espagne afflue à Madrid, en sont arrivés à considérer le pays comme un fief, et les travailleurs des provinces comme des vilains taillables et corvéables à merci. Cette opinion, ils s'efforcent de l'inculquer à leurs visiteurs, et, comme ils ont à leur service une verbosité qui arrive parfois jusqu'à l'éloquence, jointe à beaucoup d'esprit, quelque peu superficiel, il ne leur est pas difficile de convaincre des auditeurs prédisposés déjà en leur faveur, et manquant d'ailleurs des moyens de contrôler leurs assertions.

Pour toutes ces raisons et pour beaucoup d'autres, l'Europe ignore encore l'Espagne.

Une croyance très répandue est qu'un voyage dans notre pays offre les plus sérieuses difficultés, voire des dangers; et cependant des trains plus ou moins express, munis de wagons-lits plus ou moins confortables, sillonnent la Péninsule, et on arrive de la frontière à Barcelone en cinq ou six heures, et en seize ou dix-huit heures à Madrid.

On croit aussi généralement à l'étranger que l'Espagne est encore le royaume de Charles II, et qu'elle pullule de moines comme au temps de ce roi; et pourtant rien n'est moins exact.

Les communautés religieuses furent supprimées à la suite de la destruction violente

des couvents, il y a cinquante ans déjà,
et depuis cette époque les rares moines
qui, en dépit de la loi, se sont de nouveau
glissés parmi nous, cherchent à passer
inaperçus et se tiennent dans l'ombre,
silencieux et craintifs, comme si le sol
tremblait sous leurs pieds.

Aujourd'hui l'Espagne est le pays où
l'on en voit le moins.

Les voyageurs cherchent dans nos villes
des femmes en mantille et avec la bas-
quine de satin ne descendant qu'aux
genoux, et ils ne rencontrent que des
chapeaux et des robes à la mode plus ou
moins récente de Paris.

Ce n'est que pour assister aux courses
de taureaux que les dames de l'aristocra-
tie madrilène revêtent l'ancien costume
national ; et ce n'est là qu'un travestisse-
ment.

Quant aux hommes, ils ont encore

plus que les femmes adopté les modes françaises ; le costume pimpant et caractéristique de Figaro ne se retrouve plus qu'au cirque ou sur les tentures de Goya.

Au premier coup d'œil, et en laissant de côté les costumes particuliers à quelques contrées, que les paysans conservent encore, comme dans le reste de l'Europe, l'Espagne présente le même aspect que n'importe quel autre pays.

Il ne nous reste donc plus rien de ce que les voyageurs fantaisistes ont décrit ; mais, par contre, d'autres choses ont surgi, tout aussi curieuses que celles qui ont disparu ou n'ont jamais existé.

L'Espagne réelle est aussi intéressante à observer que l'Espagne de convention inventée par les touristes.

L'immoralité et l'anarchie subsistent encore et sont peut-être même aggravées, et c'est à elles que nous sommes redevables des particularités qui nous distinguent. Notre nation se trouve aujourd'hui dans la décrépitude, et elle est parvenue à cet état sans passer par l'âge viril, à cause de son développement historique particulier après le moyen âge ; elle vit donc comme vivent les êtres décrépits.

Nous justifierons cette affirmation par l'ensemble de ce travail.

Avant d'entrer au fond de la question, nous désirons fixer notre attitude, afin de prévenir le blâme et peut-être les reproches des désœuvrés dont nous parlons plus haut.

Pour le seul fait de dévoiler aux yeux des étrangers notre situation réelle, on nous accusera de manquer de patriotisme, et lorsqu'on verra que nous attendons notre régénération de la renaissance régionale, on nous qualifiera de séparatiste et de destructeur de l'unité nationale.

Disons donc quelques mots sur l'idée que nous avons du patriotisme et sur nos aspirations régionales.

Nous sommes né en Catalogne, et nous y avons toutes nos affections : nous sommes donc Catalan.

La Catalogne fait partie de la Péninsule, car elle est séparée de la France par la barrière des Pyrénées, et, pour cette raison, géographiquement parlant, la Catalogne doit être espagnole. En outre, les relations soutenues durant des siècles avec toutes les autres régions de l'Espagne ont créé des liens d'intérêt et d'affection réciproques tels, qu'il serait presque impossible de les rompre. L'industrie manufacturière catalane est presque la seule qui existe dans la nation ; elle a son marché naturel dans les contrées agricoles espagnoles, qui fournissent à leur tour la Catalogne de ce qu'elle ne produit pas, et utilisent son commerce pour écouler le trop-plein de leurs produits.

L'affection qui unit les diverses régions espagnoles est si solide, la réciprocité des intérêts si forte, que ces sentiments n'ont jamais pu être diminués ou ébranlés, ni par les mesures émanées du pouvoir central dont les Catalans ont été les victimes, de même que quelques autres contrées espagnoles; ni par les rivalités passagères que la manie d'unifier au bénéfice du centre a réussi quelquefois à susciter entre ces régions.

Les Catalans sont donc, en général, aussi Espagnols que les habitants des autres régions de l'Espagne, et ils le sont non seulement par sentiment, mais encore par réflexion. Etant donnés et notre situation géographique et nos antécédents historiques, nous ne pouvons être qu'Espagnols : telle est l'opinion de celui qui écrit ces lignes.

Quant à notre patriotisme catalan, personne n'a le droit d'en douter, car nous en avons donné des preuves dans toutes les occasions.

Déjà, lors de la reconstitution de la patrie par l'expulsion des Maures, la Confédération catalano-aragonaise prit à cette œuvre une part aussi active que n'importe quel autre État de la Péninsule.

Notre Jacques Ier est une figure historique aussi grande que la plus grande de la Castille.

D'autre part, si, lorsque l'union s'établit par le mariage d'Isabelle la Catholique et de Ferdinand d'Aragon, nous apportâmes les îles Baléares, Valence et d'autres terres et d'autres royaumes subjugués ou reconquis par nos armes, — lorsque les Maures reçurent le coup mortel à Grenade, les Aragonais-Catalans marchèrent à côté des Castillans, sous les drapeaux unis d'Aragon et de Castille.

Mais, quoique nous soyons aussi Espagnols que le reste de nos compatriotes, notre patriotisme ne nous aveugle pas, et il ne nous conseille pas de cacher que notre décadence fut aussi grande que l'avait été notre gloire.

Nous croyons, au contraire, que notre devoir nous ordonne de dévoiler cette décadence dans toute son étendue, afin que, le mal étant bien connu, il soit possible d'y remédier.

Nous sommes de ceux qui ne veulent pas céder au fatalisme, et, si une conduite funeste nous a réduits au misérable état dans lequel nous sommes plongés, nous croyons qu'un changement dans notre ligne de conduite peut encore nous relever.

Notre espoir se fonde sur ce que, en examinant attentivement les divers éléments qui composent notre pays, nous en trouvons encore beaucoup qui se sont conservés sains, quoique les malades et les gâtés aient réussi à s'imposer et à dominer.

Ces derniers ont tout intérêt à dissimuler et à cacher notre état, tandis que, de notre côté, il nous convient de le mettre à jour, sinon pour le guérir, du moins pour justifier les mesures que nous proposons afin de tenter la guérison.

Et plus les auteurs de notre mal s'efforcent de le celer, plus nous devons chercher à le rendre public.

Tous les éléments officiels, toutes les

coteries politiques qui se partagen
comme un butin les restes du pays, on
un intérêt spécial à se présenter travesti
aux yeux de l'Europe : ils veulent appa
raître comme nos régénérateurs. Tou
désirent être regardés comme les repré
sentants d'une Espagne rajeunie et aspi
rent à prendre part au grand concer
européen.

Il est de notre intérêt de prouver qu'il
ne sont ni les représentants de l'Espagne
ni ses régénérateurs.

Si notre pauvre pays ne peut pas s
relever de l'abattement dans lequel il ;
été plongé par les mille causes combinée
qui amenèrent notre décadence, la faut
principale en est à ces exploiteurs.

Et ici nous devons constater que, s'i
est une nation qui ait le droit de ne pa
rougir de sa décadence, cette nation es
bien la nôtre.

En effet, la chute de l'Espagne fut sa grande épopée, épopée que n'ont point encore chantée ses poètes, quoique l'un d'eux, né en Catalogne et écrivant en catalan, l'ait aperçue et laissé entrevoir dans quelques pages de l'*Atlantide* (1).

Notre orgueil national ne doit se fonder ni sur l'expulsion des Maures, ni sur notre prépondérance éphémère dans la politique européenne; car toutes les nations comptent des pages aussi glorieuses dans leurs annales.

Notre orgueil national doit se fonder précisément sur le fait qui détermina notre chute : sur la découverte, la conquête et l'assimilation de l'Amérique.

Toutes les causes de notre décadence découlent de ce fait culminant dans l'histoire de la Civilisation.

(1) Poème traduit en français par M. Albert Savine.

En patronnant l'idée prophétique de Christophe Colomb, l'Espagne se disposait à se sacrifier pour l'Humanité.

Grâce à notre énergie, de nouveaux continents furent découverts, et l'étendue des terres habitées fut doublée en un instant.

Notre virilité et notre constance, jamais ébranlées, les conquirent pour la civilisation, et il existe aujourd'hui dans le nouveau monde une vingtaine de nations qui parlent la langue que l'Espagne leur enseigna, qui ont les mœurs et les coutumes que nous leur donnâmes, qui sont, en un mot, la chair de notre chair.

L'Espagne se dépouilla de sa vie pour l'Humanité et la Civilisation, et elle demeura énervée et sans forces, comme une mère dont le sein se déchire pour donner le jour à un enfant trop robuste.

Nous pouvons donc nous présenter
devant le monde le front haut, quoique
déchus.

A ceux qui ne comprendraient pas que
notre chute contient notre grande épopée,
nous montrerons les nationalités qui remplissent l'Amérique du Sud et s'étendent
jusqu'à celle du Nord; nous leur ferons
remarquer les efforts d'énergie que ces
peuples ont su faire pour consolider dans
le nouveau monde, à travers des convul-
sions de près d'un siècle, l'organisation
politique propre aux peuples jeunes et
aux pays nouveaux et pour se mettre en
mesure de réaliser dans l'avenir la synthèse entre l'individualisme saxon et l'autoritarisme latin; et nous exigerons le
respect dû à une décadence qui reconnaît
une telle origine et qui a été la cause de
pareils effets.

Nous pouvons donc nous présenter

devant le monde sans honte, et même avec un légitime orgueil, malgré notre misérable état actuel; d'autant plus qu'à côté du mal, nous présenterons le remède qui nous convient.

L'Espagne, en effet, ne peut être guérie de ses maux par aucun des traitements usités; jusqu'ici ceux qui ont été employés n'ont fait qu'aggraver notre situation.

Dans le courant de ce siècle, nous avons tout essayé, depuis l'absolutisme despotique jusqu'à la république licencieuse, et nous sommes toujours allés de mal en pire.

C'est qu'aucun de ces traitements n'attaquait le mal dans ses racines; au contraire, ils lui servaient plutôt d'aliment.

Seul le système régional, représenté par notre Renaissance catalane, peut être un principe d'amélioration.

C'est pourquoi nous le préconisons

avec foi, quoique sans grand espoir; mais nous croyons indispensable de mettre la plaie à jour, car ce ne sera que lorsque nous serons convaincus de sa gravité que nous saurons nous décider à lui appliquer le seul remède héroïque qui puisse la cicatriser.

I

COUP D'ŒIL GÉNÉRAL

Nous allons donc entrer en Espagne, et comme, pour ce que nous aurons à voir dans notre voyage, il nous est utile d'arriver promptement à Madrid, nous prendrons la voie la plus courte, qui est le chemin de fer du Nord. Mais, avant de quitter à Irun le train français pour prendre le train espagnol, il est bon que nous possédions quelques données générales sur le pays que nous allons parcourir.

L'Espagne péninsulaire, avec les îles Baléares et les Canaries, occupe une superficie de 507,000 kilomètres carrés, de sorte que, au point de vue de l'étendue territoriale, elle est à peu près la cinquième entre les nations européennes.

Elle est à peu près de la même étendue que la France, qui ne la surpasse que de 21,000 kilomètres carrés.

Des six grandes puissances, deux sont plus petites que l'Espagne: l'Angleterre n'atteint pas, en Europe, les deux tiers de notre étendue, et l'Italie en a un peu plus de la moitié.

Ce territoire, d'après le dernier recensement général fait en 1877, est occupé par 16,625,000 habitants, soit 32 habitants par kilomètre carré.

Par le chiffre absolu de ses habitants, l'Espagne occupe le septième rang parmi les nations de l'Europe; elle est devancée par la Grande-Bretagne et l'Italie.

Enfin, par le nombre de ses habitants proportionnellement à l'étendue de son territoire, elle recule encore et n'occupe plus que le treizième rang.

Le mouvement postérieur au recensement officiel ne peut pas être apprécié avec exactitudo, mais il me semble que la population augmente d'une manière importante.

On peut évaluer la population actuelle de l'Espagne de 16,500,000 à 17,500,000 habitants.

Cette population est très inégalement distribuée dans la Péninsule; car, tandis que la province de Barcelone a une densité de 108 habitants par kilomètre carré (comme l'Angleterre), les provinces centrales, comme Albacete, Cáceres, Cuenca, Guadalajara et Soria, n'atteignent pas le chiffre de 15 habitants par kilomètre carré, de sorte que la densité de ces provinces est pareille à celle de la Russie.

Et qu'on n'aille pas croire que la densité de la province de Barcelone soit due à la nombreuse population que renferme la capitale de la Catalogne, car la province de Madrid, qui a la même superficie et renferme la capitale de la nation, presque deux fois aussi peuplée que Barcelone; la province de Madrid, disons-nous, ne possède que 76 habitants par kilomètre carré !

Cette inégalité dans la distribution des habitants de l'Espagne entre ses diverses régions est une des causes qui ont le plus contribué à faire naître le malaise que toutes ces régions éprouvent actuellement.

Les provinces centrales n'ont pas assez de bras pour cultiver leurs terres, même d'une manière rudimentaire, et elles se trouvent forcément réduites à n'être qu'agricoles.

Par contre, dans les provinces de Barcelone, de Guipúzcoa, dans la région basque, et dans quelques autres, la terre ne suffit pas à la subsistance des habitants, et les bras qui ne peuvent pas être employés à l'agriculture se tournent vers l'industrie.

Madrid se trouvant enclavé au milieu de la partie la plus pauvre et la moins peuplée de la Péninsule, ses habitants, après s'être emparés de la politique pour la détourner à leur seul avantage, se sont faits les champions de la misère et de l'ignorance qui les environnent, si bien que les provinces relativement riches et industrielles n'exercent aucune influence dans le gouvernement de l'État.

L'industrie, la navigation, le haut com-

merce, sont choses de peu d'importance pour
nos gouvernants ; comme ils sont influencés
par les préjugés et les passions que les pauvres ressentent toujours contre ceux qui le sont
moins qu'eux, au lieu d'employer les forces
de l'Etat à la protection de ces sources de
production et de richesse, ils les dédaignent
et, loin de chercher à étendre ces biens à toute
la nation, ils regardent avec envie ceux qui
les possèdent.

Toutes ces données générales sont bien
tristes pour le pays; mais celles qui vont suivre sont véritablement désolantes.

Il n'y a que deux choses pour lesquelles
l'Espagne marche à la tête des nations européennes, et ces deux choses sont : sa dette publique et le nombre de ses officiers généraux.

Le budget de 1883 à 1884 contenait l'énorme
somme de 274 millions de pesetas pour le
payement des intérêts de la dette.

Le capital ne peut pas être fixé, à cause
des variations continuelles qu'il éprouve.

La dernière de ces variations fut la conver-
sion, qui eut lieu en 1881, par suite de laquelle

le capital diminua en raison de l'augmentation du taux de l'intérêt de 3 à 4 1/2 p. 100, mesure qui fut prise au détriment des contribuables ; car, depuis lors, ceux-ci sont obligés de payer une somme plus considérable aux porteurs de papier pour leurs intérêts.

Mais, si le chiffre du capital ne peut être fixé, on peut du moins assurer que, de 1865 à 1879, il s'est élevé de moins de 5 milliards de pesetas à plus de 10 milliards, et qu'aujourd'hui la dette publique de notre nation, pauvre et mal gouvernée, est supérieure à celle de grandes puissances telles que les Etats-Unis, l'Allemagne, l'Autriche-Hongrie et l'Italie, et qu'elle représente un peu moins des deux tiers de la dette publique de la Grande-Bretagne, qui est cinquante fois plus riche que nous.

Un résumé de l'augmentation de notre dette sera la preuve la plus éclatante de notre mauvaise administration. La voici évaluée en chiffres ronds :

Les intérêts de la dette s'élevaient dans les budgets :

En 1845, à pesetas .... 27 millions.
   1853   »   61   »
   1864   »   101   »
   1873   »   238   »
   1883   »   273   »

Tel est le chiffre énorme et écrasant qui, en augmentant encore tous les jours, nous donne le privilège peu enviable de marcher à la tête des nations les plus endettées.

Il en est de même avec les officiers généraux qu'on nous oblige à entretenir, uniquement pour ne pas perdre l'habitude des *pronunciamentos*, cette chose éminemment espagnole, dont le nom ne peut être traduit dans aucune autre langue.

Voici le tableau des officiers généraux, pour l'armée de terre seulement :

Capitaines généraux (maréchaux) effectif.....		7
Lieutenants généraux (généraux de division).		76
Généraux de brigade. { Maréchaux de camp,		111
{ Brigadiers..........		284
Officiers généraux de la suite du roi........		6

Ces chiffres, comme ceux de la dette publique, augmentent encore tous les ans, et chaque nouvelle organisation militaire est une perte pour le pays.

L'armée de la Péninsule ne dépasse jamais le chiffre réel de 70,000 hommes en service actif, et cependant nous avons plus de généraux que la France et que l'Angleterre, deux fois plus que l'Italie, presque le double de l'Allemagne.

L'Autriche-Hongrie, qui est après nous la nation possédant le plus de généraux, n'en a pas la moitié autant, relativement.

Nous avons en Espagne 36 généraux par million d'habitants, tandis que l'Autriche n'en compte que 17.

Par contre, du premier rang que nous occupons au point de vue de la dette et des officiers généraux, nous descendons presque au dernier rang sous le rapport des chemins de fer.

Il n'y a présentement en exploitation que 8,200 kilomètres environ, dont la majeure partie ne rend que des services assez rudimentaires, comme nous le verrons plus loin.

Terminons ces données générales par une

observation importante au point de vue où nous nous plaçons dans le présent travail.

Les exploiteurs de la politique espagnole cherchent à faire croire que notre nation est peuplée par une race uniforme, et rien n'est plus éloigné de la vérité que cette assertion, comme le démontre le tableau suivant.

Parmi les 16 millions et demi d'habitants, on compte :

Basques-Navarrais,	environ		800,000
Catalans. { Catalogne,	»	1,750.000	} 3,410,000
Iles Baléares	»	290,000	
Valence et Alicante,	»	1,370,000	
Galiciens et Asturiens,	»		2,400,000

Soit environ 6 millions et demi d'Espagnols qui appartiennent à des races, variétés ou groupes, complètement distincts de celui qui prédomine, qui ont des mœurs différentes et ne parlent pas même, en général, la même langue.

Remarquons aussi, afin d'accentuer cette observation, — sur laquelle nous reviendrons dans un autre chapitre, — que la langue cata-ane, — qui n'a avec la castillane ' utres points de contact que ceux qui résultent de la communauté de leur origine latine, comme il arrive pour le français, l'italien et les autres langues sœurs, — est parlée sur le littoral méditerranéen sur une étendue de plus de 600 kilomètres, à partir de la frontière française jusqu'au cap de Palos, et cela sans compter les îles Baléares.

De même, les langues galicienne et asturienne ou *bable*, qui ont plus d'analogie avec le portugais qu'avec le castillan, dominent l'étendue des côtes que nous possédons sur l'Atlantique, du côté du nord ; domination que ces langues partagent avec l'idiome primitif des Basques, qui règne sur les côtes de cette partie de l'Océan que nous appelons mer Cantabrique : de sorte que la langue castillane occupe une bien moindre étendue de littoral que les langues des autres régions de l'Espagne.

Ce que nous venons d'exposer suffira, à notre avis, pour donner une idée générale du pays que nous allons parcourir.

Examinons tout d'abord les particularités

caractéristiques de notre pays. A peine entrés dans le train espagnol, nous en constatons quelques-unes qui attireront certainement l'attention de nos lecteurs.

II

D'IRUN A MADRID PAR LE PAYS BASQUE ET LA VIEILLE-CASTILLE

C'est à Irun que nous quittons le train français pour prendre le train espagnol, opération indispensable, même pour les trains express ou rapides, attendu que la voie espagnole n'a pas la même largeur que la voie française, qui, elle, est égale à la voie normale adoptée par toutes les nations continentales de l'Europe, la Russie exceptée (1).

Nos gouvernants ont cru sans doute que les

(1) La largeur des voies ferrées espagnoles est de 1 mètre 80, et la largeur normale adoptée par les autres nations, de 1 mètre 445.

voies ordinaires étaient trop étroites pour leur grandeur, et, plus forts que ceux des autres pays, ils ont élargi les nôtres de 35 centimètres, d'accord en cela avec nos braves militaires de salon, qui, par ce moyen, s'imaginèrent préserver notre pays de toute invasion étrangère.

Depuis la construction de la première voie ferrée, nous n'avons été ni envahis ni à vrai dire menacés de l'être; mais, par contre, la différence de largeur n'a produit que des difficultés pour le trafic et des incommodités pour les voyageurs; et l'on ne peut jamais espérer apporter un remède à ce mal, car tout le réseau construit et tout le matériel roulant s'accordent avec la largeur donnée.

Nous voici donc, filant vers la capitale, sur le meilleur chemin de fer de l'Espagne, qui appartient à la compagnie la plus riche et la plus puissante de notre pays.

Nous avons choisi le train le plus rapide, qui nous conduira avec une vitesse de 35 kilomètres à l'heure, soit la moitié de celle des trains rapides de l'Europe centrale, et en s'arrêtant dans plus de cinquante stations sur un parcours de 631 kilomètres, ce qui fait un arrêt chaque 12 kilomètres.

Si la meilleure ligne de l'Espagne, appartenant à une compagnie qui possède un réseau de 2,000 kilomètres à peu près et dont la direction réside *de fait* à Paris, fait son service d'une manière aussi rudimentaire, on peut juger des services que rendent les autres lignes plus pauvres.

Pour en donner une idée, il nous suffira de constater qu'entre Barcelone, Lérida, Saragosse et Madrid, il ne circule qu'un train de voyageurs par jour, avec une rapidité de 30 kilomètres à l'heure, et deux trains par semaine, que l'on nomme *express*, à 35 kilomètres à l'heure.

Nous avons dit que la direction de la Compagnie du chemin de fer du Nord réside de fait à Paris, et il en est de même pour beaucoup d'autres sociétés commerciales, industrielles et de chemins de fer; et cela se comprend, car une grande partie de nos voies ferrées a été construite avec des capitaux étrangers, ou, du moins, les capitalistes étrangers s'en sont emparés à la suite d'opérations de Bourse.

Nos meilleures mines, telles que celles de Rio-Tinto, d'Almaden, et la plupart de celles de Bilbao, Huelva, etc., se trouvent entre des mains étrangères. La navigation elle-même ne fait pas exception à cette triste règle : beaucoup de bateaux à vapeur inscrits sur les registres de notre marine appartiennent à des sociétés étrangères, qui en retirent tout le profit.

Dans ces conditions, on peut juger quelle doit être la situation du commerce et de l'industrie du pays vis-à-vis de semblables compagnies.

Lorsqu'on expédie de petits colis par chemins de fer, on est presque sûr que, s'ils parviennent à leurs destinataires, ce n'est pas sans avoir été détériorés ou entamés, surtout s'ils contiennent des objets de nature à exciter la convoitise.

Les tarifs de transport sont en général excessifs.

Telle marchandise arrive d'Amérique à un port espagnol quelconque à moins de frais que ceux qu'occasionne le transport de cette même marchandise sur un parcours de 50 kilomètres à l'intérieur.

Cet état de choses, nous le savons, étonnera considérablement les lecteurs qui ont la fortune d'être habitués à tout autre traitement dans leur pays.

En Espagne, toutes les compagnies de chemin de fer ont eu soin d'introduire dans leurs conseils d'administration, en leur attribuant de très gros émoluments, les principaux hommes politiques de tous les partis ; de sorte que, quelle que soit la forme de gouvernement et quel que soit le parti politique qui exerce le pouvoir, ces compagnies sont toujours sûres d'avoir un ou plusieurs de leurs salariés au ministère. Aussi, dans leurs contestations avec les particuliers, elles ont toujours raison, et chaque chef de gare ou conducteur de train peut se dire, comme le capitaine marin sur son navire, maître absolu après Dieu dans son pachalik, mobile ou fixe.

Après ce que nous venons de dire, on comprendra fort bien que les capacités ou connaissances spéciales ne sont nullement nécessaires à nos politiciens pour être directeurs ou conseillers de compagnies de chemins de fer ou autres ; il suffit qu'ils aient des probabilités de devenir ministres, et on ne leur demande jamais le moindre travail.

Ainsi M. Canovas del Castillo, président passé et futur du Conseil des ministres, est directeur de cinq grandes compagnies, et touche, à ce titre, de magnifiques gratifications annuelles, quoique, au fond, il connaisse les chemins de fer et leur administration comme il connaît les volcans de la lune situés du côté opposé à la terre.

Une anecdote amusante et parfaitement authentique, d'ailleurs, donnera une idée de la manière dont se font ces choses dans notre bienheureux pays :

Lorsque M. Romero Robledo, ministre de l'intérieur sous Alphonse XII, n'était pas encore devenu millionnaire, il se trouva un jour vivement sollicité en pleine salle des Pas-

Perdus, pour qu'il mît en jeu son influence en faveur d'une affaire de tramways.

Pour se débarrasser de son solliciteur, le ministre déclara qu'il n'entendait rien à ces affaires et qu'il ne pouvait s'en occuper.

— Comment ! — lui répliqua son interlocuteur, qui était encore un peu plus effronté que lui, — vous êtes employé d'une compagnie de tramways, et vous dites n'entendre rien à ces affaires !

— Moi, employé d'une compagnie de tramways ! répondit le ministre au comble de la surprise.

— Certainement, monsieur ; la somme que la maison X. vous fait parvenir si exactement tous les mois est portée sur le compte du tramway exploité par cette maison.

Le ministre ignorait que le cadeau qu'il recevait tous les mois avec tant de nonchalance et d'abandon l'avait converti, à son insu, en employé *in partibus* et protecteur latent d'une compagnie de tramways.

Et cependant ces hommes politiques qui, sans fortune et sans exercer de profession, mènent un grand train dans une capitale où la vie est des plus chères ; ces hommes, disons-nous, repoussent fièrement et avec dédain toute idée d'émarger au budget en qualité de sénateurs ou de députés.

Ces deux charges sont absolument gratuites en Espagne, et nos législateurs des deux Chambres n'ont pas même des billets de libre circulation sur les chemins de fer.

Ce don-quichottisme suffit pour expliquer bien des anomalies de notre état politique.

Laissons maintenant cette digression trop longue, mais que nous ne croyons pas inutile, puisqu'elle a fait connaître à nos lecteurs quelques traits caractéristiques de notre pays, qui nous serviront plus tard, et reprenons notre voyage.

Toutes réserves faites au sujet du service des chemins de fer et de quelques manifestations de la vie officielle, l'étranger qui entre en Espagne est agréablement surpris à la vue du pays qu'il traverse, et son impression est qu'il n'a rien perdu en quittant le territoire français.

S'il s'est arrêté à Irun, il a pu contempler une petite ville en possession de tous les éléments de civilisation et de progrès, quoique sa population ne dépasse pas sept mille habitants.

Depuis plusieurs années déjà, elle a été entièrement éclairée à l'électricité; elle a été sans doute une des premières villes d'Europe à adopter ce système d'éclairage.

Ses établissements municipaux de bienfaisance, d'instruction et même de plaisir, sont dignes d'une ville bien plus considérable.

Lorsque le train a quitté Irun, on a juste le temps de jeter en passant un coup d'œil sur quelques petites stations de bains de mer, que l'on est arrivé à Saint-Sébastien, la ville la plus coquette de l'Espagne, et dont la baie superbe est en été le rendez-vous des baigneurs du monde élégant espagnol.

Ses larges rues, de récente construction, et ses belles promenades, sont aussi éclairées à la lumière électrique; et, quoique sa population ne dépasse guère vingt-deux mille habitants, elle possède des édifices publics dignes d'une grande ville, tels que théâtres, cirque de taureaux, — très fréquenté par les amateurs étrangers durant la saison, — un monumental jeu de paume, le jeu favori du pays, et d'autres encore. Ses hôtels et ses restaurants sont propres et bien tenus; on y trouve un grand nombre de pensions bourgeoises aussi élégantes que confortables.

La propreté est, d'ailleurs, une qualité commune à tout le pays basque.

En quittant la capitale du Guipuzcoa, le train, traversant toujours une contrée dont les plaines sont soigneusement cultivées et les montagnes boisées jusqu'à leur sommet, nous promène entre de nombreux petits villages, de grandes maisons de campagne et des fermes parsemées çà et là.

Tolosa, où l'on arrive bientôt, est remarquable par son industrie, moins importante en production que l'industrie de quelques villes catalanes, mais cependant prospère et florissante. Elle produit en papeterie, par exemple, de quoi suffire presque aux besoins de la capitale de la nation.

Cette contrée est sillonnée de nombreuses routes bien entretenues ; et, dans presque toutes les gares, on trouve un grand nombre de voitures confortables, — ne ressemblant en rien au type légendaire de la voiture espagnole, — qui attendent les voyageurs pour les conduire aux nombreux établissements de bains de l'intérieur du pays.

Ce spectacle se prolonge jusqu'à Vitoria, ville presque aussi coquette, aussi bien tenue que Saint-Sébastien, et qui est la capitale de l'Alava, une des trois provinces basques.

Mais, peu après avoir quitté Vitoria, le décor change subitement.

Les arbres disparaissent presque entièrement et les montagnes se présentent sèches et dénudées. La terre est jaune ; les villages aussi jaunes que la terre. On ne trouve plus de voitures confortables dans les gares ; les routes carrossables deviennent rares et mal entretenues.

C'est que l'on est sorti des provinces basques pour entrer dans la Vieille-Castille.

On est en pleine Espagne.

Et, chose digne de remarque, le territoire basque, véritable oasis en sortant des steppes de la Castille, est une des portions du sol espagnol les moins favorisées de la nature.

Le terrain est partout accidenté et inégal; ses produits ne sont pas riches comme dans beaucoup d'autres provinces, exception faite des produits du sous-sol (les mines).

Le bien-être relatif, l'air de civilisation et de progrès qu'on y respire, ne sont pas dus à des avantages naturels, mais à l'esprit d'ordre et à l'ardeur au travail de ses habitants.

Et cependant, — chose plus curieuse encore, — pour les politiciens de Madrid et pour ceux des pays qui leur servent d'écho, le pays basque est une tache dans l'Espagne; ses habitants sont dépeints comme les plus arriérés de toute la nation et les plus réfractaires aux idées modernes.

C'est que le pays basque n'est pas encore uniformisé avec le reste de l'Espagne; il est, pour ce motif, le plus réfractaire aux idées et aux désirs uniformistes de Madrid.

Les Basques possédaient leurs *fueros* et une

administration presque autonome; ils les ont défendus avec une énergie dont l'histoire offre peu d'exemples.

Durant les deux guerres civiles contemporaines, ils ont mis sur pied de guerre presque le dixième de leur population totale, et, pendant des années entières, ils ont tenu tête aux forces réunies de la nation.

Nous ne cherchons pas à justifier cette conduite, et nous regrettons que ces belles contrées soient devenues le boulevard de l'absolutisme durant ces deux guerres; mais il ne faut pas oublier la situation dans laquelle elles se sont trouvées.

Le caractère dominateur et absorbant des Castillans, épris dans les derniers temps des idées et des principes d'uniformisation de la France, mais incapables de leur donner quelque application pratique, ne pouvait tolérer la plus petite manifestation de la vie locale.

Dans le système parlementaire, il ne voyait qu'un moyen de s'imposer, puisque, ne pouvant arriver à l'uniformisation en s'élevant au niveau de certaines contrées mieux régies, il les obligerait à descendre jusqu'à lui.

Les Basques comprirent bientôt que la situation qu'on leur faisait était insoutenable, et leur esprit viril ne voulut pas céder sans combattre.

Comme tous les partis constitutionnels étaient centralisateurs à outrance, ils crurent que la menace leur venait du constitutionnalisme, et, oubliant que le caractère castillan s'était toujours montré dominateur et absorbant, même au temps de l'absolutisme, ils se déclarèrent les champions de ce dernier système, en opposition au système constitutionnel.

Ce serait, cependant, une erreur de supposer que les Basques sont plus fanatiques en religion et moins éclairés que les autres races qui peuplent l'Espagne.

Les Andalous, les Aragonais, les Valenciens, la plupart des Castillans et les montagnards de la Catalogne, sont au moins aussi fanatiques que les Basques, et, par contre, ceux-ci sont bien plus éclairés que les autres habitants de l'Espagne, en général.

L'instruction publique élémentaire est beaucoup plus répandue dans leurs provinces que
dans les autres, et la proportion de ceux qui
savent lire et écrire y est plus élevée.

A Bilbao, à Saint-Sébastien, à Vitoria, les
écoles primaires possèdent des bâtiments
construits exprès, et sont installées avec un
confort qu'on chercherait vainement ailleurs.

Les lycées, l'école des arts et métiers de
Bilbao, la prison cellulaire de Vitoria, — qui
fut pendant longtemps l'unique de l'Espagne,
— et une foule d'autres institutions d'utilité
publique, prouvent la supériorité du pays
basque sur la plupart des autres régions de la
Péninsule, supériorité qui se révèle au premier
abord par la tenue et par l'attitude des habitants.

Cette opinion sur le pays basque n'est point
particulière à l'auteur de ces lignes; elle est
commune à toutes les personnes éclairées qui
ont visité ce pays. Humboldt, qui y séjourna
pour étudier la langue basque, en sortit enchanté; Victor Hugo l'appelle « une terre
bénie ». Déjà Rousseau avait dit de l'arbre

de Guernica, qui symbolise les libertés basques, que c'était « le premier, le plus ancien, le père des arbres de la liberté ».

Nous insistons sur ces particularités de la région basque, parce que la part qu'elle a prise à nos deux dernières guerres civiles a exercé une grande influence sur le développement fatal de la politique madrilène contemporaine.

Aucun de ceux qui connaissent notre histoire ne sera étonné si nous lui disons qu'il existe en Espagne une passion vraiment populaire et nationale : la haine de l'absolutisme.

L'alliance de ce système de gouvernement avec l'intolérance religieuse, dont il se fit le champion contre toute expansion de liberté, nous mit en guerre avec toute l'Europe et nous laissa dans un tel état de faiblesse et d'exténuation, que le pays en arriva à être presque dépeuplé.

A l'époque la plus funeste de l'absolutisme, il n'y avait peut-être pas six millions d'habitants dans toute l'Espagne.

Le dernier monarque absolu, Ferdinand VII,

en plein dix-neuvième siècle, porta la réaction à un degré de férocité sans exemple.

Dans quelques nations de l'Europe, le pouvoir absolu des rois, malgré ses graves inconvénients, a été souvent d'une grande utilité pour l'avancement des peuples.

En Espagne, absolutisme est synonyme de pauvreté, de misère, de férocité, de fanatisme, d'ignorance et de dégradation.

Comme ce régime avait des racines profondes dans le pays, la lutte a été acharnée et de longue durée.

Après sa chute, il a pu allumer encore deux grandes guerres civiles, sans compter les diverses tentatives et les soulèvements moins importants, et l'on prévoit qu'il peut encore en produire à l'avenir.

Le représentant actuel de l'absolutisme, don Carlos, est encore à la tête d'un parti puissant, qui guette patiemment l'occasion et conspire pour nous porter de nouveaux coups.

Les politiciens centralistes ont su très bien exploiter à leur profit ce sentiment populaire de haine pour l'absolutisme.

Toute idée, tout principe qui les gêne ou embarrasse leurs plans, sont qualifiés de machinations carlistes.

Dans leurs discours, ils font l'éloge de leur parlementarisme, qui, selon eux, doit faire notre bonheur et nous délivrer pour toujours de l'absolutisme; au nom de la liberté et quelquefois — selon la mode — de la démocratie, ils nous ont dépouillés de toutes les libertés, de tous les droits réellement démocratiques, dont quelques régions avaient pu conserver des restes.

Tout esprit de régionalisme, toute tendance au développement ou à la conservation de la vie locale, sont pour les politiques madrilènes des menées absolutistes qui doivent être énergiquement réprimées.

On a supprimé les *fueros* de la région basque avec le peu qu'il en restait à la région navarraise, qui les gardait soigneusement.

Au nom des idées modernes, on nous oblige à parler, à agir en toute question à la mode castillane; et tout ce qui rompait la monotonie des provinces les plus pauvres, les plus arriérées de l'Espagne, est détruit et anéanti.

La suppression des *fueros* a été imposée aux Basques et aux Navarrais, comme châtiment pour la part qu'ils ont prise à la guerre civile; on arrache aux Catalans leur législation civile et on menace leur industrie, parce que leur esprit inquiet et réfractaire à la sujétion entrave la marche du parlementarisme.

Les politiciens de Madrid trouvent toujours des attaches carlistes à tous ceux qui, en Catalogne et dans les autres régions réfractaires à la centralisation, n'obéissent pas aveuglément aux chefs des partis de la capitale.

Qu'ils soient libéraux, républicains même, pour eux ce sont toujours des amis de l'absolutisme, et ils les traitent comme tels.

Et cependant ces mêmes politiciens, qui ont si bien su détourner à leur profit la haine populaire et nationale contre le carlisme, et s'en sont servis pour la destruction et pour mort de toutes les institutions libérales et démocratiques incarnées dans la conscience publique de la plupart des régions de l'E   gne; ces politiciens, disons-nous, soi   ire les seuls Espagnols qui ne ressentent aucune haine contre l'absolutisme ou, du moins, contre ses défenseurs.

Les grands délits, les grands crimes de droit commun commis pendant la guerre civile par les forces irrégulières insurgées, n'ont jamais été punis; on n'en a pas même poursuivi les auteurs.

Au contraire, les chefs, les officiers les plus sanguinaires ont été largement récompensés de leurs méfaits par la concession de beaux grades dans l'armée régulière ou de hautes positions dans l'administration.

Ainsi il n'est pas rare de voir en Espagne des colonels et même des généraux qui sont sortis du milieu des civils, et ont été admis dans l'armée régulière après s'être affublés eux-mêmes de ces hauts grades en commandant des bandes de maraudeurs, qui, sous le drapeau carliste, exploitaient le pays durant la guerre.

On peut juger par ces exemples du degré de démoralisation et d'abjection auquel est arrivée notre politique.

Mais reprenons notre voyage, que nou
avons suspendu au moment de quitter les pro
vinces basques et d'entrer en pleine Espagne

Le chemin, comme nous l'avons dit, devien
monotone, et nous voilà traversant un déser
de terre jaunâtre, sans arbres, limité par de
collines et par des montagnes de la mêm
couleur, aussi déboisées que la plaine; dése
interrompu seulement de temps en temps pa
les rives fertiles des fleuves ou à l'approch
de quelques rares grandes villes.

Enfin nous arrivons à Madrid, placé just
au centre de ces steppes et dans la partie l
plus jaune et la plus misérable.

Si nous avions eu le temps, nous aurions p
nous arrêter, par exemple, à Burgos, ville dou
toute la vie actuelle se concentre dans sa ca
thédrale gothique et dans quelques autre
monuments du moyen âge aussi remarquable
que mal entretenus.

Burgos peut passer pour le type des ville
provinciales, telles que les désirent les dire
teurs de la politique madrilène.

Nous pourrions aussi nous arrêter à Vall

dolid, capitale de la Vieille-Castille, et qui, malgré sa bonne situation commerciale, prouve avec éloquence que la race dominatrice a été la victime de son système fatal d'absorption, non moins et bien plus encore que les régions auxquelles elle a voulu l'imposer.

Nous pourrions aussi consacrer quelques heures à Medina et à Avila, deux villes mortes, qui, de leur ancienne grandeur, ne conservent que le souvenir avec leur dédain pour la vie active.

Un arrêt à l'Escurial nous serait peut-être de quelque utilité; car nous pourrions lire les causes de notre chute et de la décadence qui dure encore, dans la masse sombre et écrasante du monastère de Philippe II. Mais cette visite nous mènerait à de trop profondes méditations, et nous n'avons pas pris la plume pour philosopher.

Entrons donc à Madrid et plaçons-nous d'un bond en pleine *Puerta del Sol*.

III

DIVERSITÉS CHEZ LES HABITANTS

Mais n'allons pas si vite.

Pour nous conduire de la gare au centre de la capitale, nous avons le choix entre une voiture particulière et l'omnibus, ou même le tramway, car les moyens de locomotion abondent à Madrid, et ils ne sont pas mal organisés du tout.

Nous choisissons l'omnibus, qui se chargera également de nos bagages et qui nous offrira l'occasion, par l'examen attentif des voyageurs qui nous accompagnent, de faire quelques observations importantes.

Quelle variété de costumes, de physionomies, de types et de langages, dans les vingt ou vingt-quatre voyageurs qui nous entourent!

Négligeant deux commis voyageurs français qui promènent leurs collections d'échantillons, et de deux autres, allemands, qui semblent leurs ombres et qui sont résolus à leur disputer le marché espagnol avec leurs produits imités, falsifiés (au dire des premiers), nous avons auprès de nous deux Basques qui ont pris le train à Saint-Sébastien et qui causent dans leur langue, complètement incompréhensible pour tous les autres Espagnols, et sont coiffés du classique béret bleu ou rouge.

A leur côté, deux pauvres Galiciens, qui portent toute leur fortune en un paquet de vieux effets qu'ils ont modestement posé sous la banquette, et qui se hasardent à peine à hausser la voix, quoique parlant le dialecte si doux de leur pays, mélange des langues castillane et portugaise, mais avec la tournure qu'avait la première quand l'écrivaient les classiques du théâtre et du roman, et dans le regard enfin desquels on lit qu'ils sont disposés à prêter un petit service au premier qui le leur demandera. Vivante exhibition de la misérable condition à laquelle leurs provinces ont été réduites, ils fuient leur sol et arrivent pour servir de domestiques à MM. les Madrilènes.

Si nous prêtons l'oreille à la conversation qui a lieu un peu plus loin, nous observerons que les interlocuteurs ne parlent pas non plus castillan, et par l'isolement dans lequel leurs voisins les laissent, nous devons déduire que ceux-ci ne les comprennent point, ce qui paraît leur importer fort peu, à eux, qui ne se préoccupent que de leurs affaires, et, s'ils regardent d'aucuns d'un mauvais œil, ce sont les commis voyageurs français et allemands, qui vont leur faire la concurrence pour la vente des produits catalans qu'ils représentent.

Heureusement, tout n'est pas aussi prosaïque dans la voiture.

A la place voisine de la nôtre s'assied une charmante personne qui, en entrant, nous a laissé entrevoir un pied minuscule admirablement chaussé, et qui, plus elle s'enveloppe dans son châle de Manille, plus elle fait valoir l'élégance de son corsage, au haut duquel surgit une gracieuse petite tête couronnée d'un grand peigne de jais, moins noir que ses grands yeux ou que les mèches frisées de cheveux qui lui couvrent le front et les tempes. Elle s'entend parfaitement avec les Castillans qui occupent les autres places de l'omnibus, et même avec quelques Valenciens qui sont près d'elle; mais l'inflexion de sa voix, le tour de ses phrases et l'accent de sa prononciation démontrent clairement qu'elle est fille du midi de l'Espagne, et que, si elle vient du nord, c'est qu'elle aura été engagée, comme *cantaora*, dans quelque petit théâtre de station balnéaire.

Et, cependant, les types que nous venons de passer rapidement en revue sont parfaitement espagnols.

L'omnibus qui nous a conduit de la gare à la *Puerta del Sol* est une miniature exacte et parfaite de l'Espagne réelle et véritable.

En effet, entre les habitants de ses diverses provinces, il y a une bien plus grande différence de tempérament, de caractère et d'aptitudes que celle qui existe entre les naturels de certaines nations distinctes de l'Europe centrale.

Le type que les étrangers connaissent le plus, celui qui se présente à leur esprit quand, sur les ailes de l'imagination, ils se transportent en Espagne, ou quand ils y vont réellement, c'est le castillan *andalousé*.

C'est Don Quichotte avec un peu ou beaucoup de Don Juan ; c'est Figaro avec sa légèreté recouverte de gaieté et d'esprit infécond. Mais, quoique les étrangers ne connaissent généralement pas d'autre type espagnol, — en quoi ils ne sauraient être fautifs, car si ce type n'est pas l'unique, il est du moins celui qui a réussi à s'imposer à tous les autres, — la vérité est que toutes les variétés que nous venons d'indiquer existent.

Dans notre voyage de la frontière à Madrid nous avons déjà fait remarquer aux lecteurs les particularités les plus saillantes qu'offrent les provinces basques, et, pour rapide qu'ait été notre examen, ils auront pu se convaincre qu'en elles ne réside ni Don Quichotte, ni Don Juan, ni Figaro.

Si, au lieu d'entrer de suite en Castille; si, au lieu de les conduire au sud, nous les avions guidés vers l'est en longeant les Pyrénées, nous serions arrivés à l'extrémité orientale de l'Espagne, sans rencontrer non plus le type qu'on a l'habitude de regarder comme espagnol.

Dans le haut Aragon ainsi qu'en Catalogne, le lecteur aurait pu observer une race grave et sérieuse chez laquelle les facultés réfléchies prédominent les facultés imaginatives, peu soucieuse du raffinement de la forme, et aussi distincte, en un mot, du Castillan *andalousé* que peut l'être un Français d'un Allemand.

Nous avons fait observer, dans un précédent chapitre, au point de vue du langage, que, sur 16 millions et demi d'Espagnols péninsulaires, il y en a 6 millions et demi qui n'ont pas comme langue native la langue castillane.

Ici, nous devons ajouter que, même parmi les 10 millions d'êtres qui parlent en naissant la langue qui nous a été imposée comme officielle, il y a des différences très remarquables comme caractère.

Les Aragonais, par exemple, qui parlent le castillan le plus viril de l'Espagne, n'ont rien de commun avec les habitants de la Nouvelle-Castille, et moins encore avec ceux du sud de la nation. Les côtés les plus saillants du caractère aragonais sont la franchise, l'entêtement et la rudesse. Eux-mêmes, donnant comme une preuve de cette franchise, disent avec le plus grand naturel du monde : *Vaya que somos muy brutos* (1). Les anecdotes populaires, basées sur des faits réels, confirment ce que nous venons d'exprimer. En voici un exemple :

Un homme doué d'une très grande force physique et qui maniait le couteau à la perfection, provoqua un rival, homme frêle et chétif.

— La partie n'est pas égale, fit observer ce dernier à son provocateur. Pour que je m'aligne avec toi, tu dois me concéder un avantage qui égalise nos chances de victoire.

— Mais quel avantage demandes-tu ? interrogea l'autre.

(1) C'est vrai, nous sommes très brutes.

— Celui de te frapper d'abord d'un coup, pour diminuer ta force.

— C'est juste ! Frappe, dit le provocateur en présentant sa poitrine nue.

Le coup « d'avantage » l'étendit raide mort aux pieds de son adversaire.

Les Castillans qui habitent sur le littoral de la mer Cantabrique et sur le plateau de la Vieille-Castille ne présentent pas non plus le type de Don Quichotte. Ils sont peut-être, de toute l'Espagne, les gens chez lesquels la réflexion et l'imagination sont le plus équilibrées. Leur tempérament est sérieux ; leur langage est le plus pur et le plus vraiment élégant de toutes les petites variétés de la langue castillane.

Ces contrées — à l'exception seulement de quelques endroits du littoral — sont aujourd'hui des plus pauvres et des moins remuantes de l'Espagne.

C'est un peuple vieilli, mais qui, dans cet état de vieillesse prématurée, a cependant conservé des restes de ses qualités et de ses bonnes conditions de caractère.

Mais quel contraste on peut observer quand on compare un montagnard de Santander, ou bien un paysan de Burgos ou de Valladolid avec un andalous de Triana (1) ou de Malaga !

Le fond du langage, la manière de s'exprimer et la construction grammaticale sont presque identiques, — car la langue castillane est, sans aucun doute, la plus unifiée de celles qu'on parle en Europe et en Amérique — et, malgré cette identité de forme, combien les idées exprimées dans cette même langue sont différentes !

La différence la plus marquante entre le langage de l'un et de l'autre des habitants des contrées susdites se trouve dans la prononciation même des mots et dans l'accentuation, dans l'inflexion donnée à la phrase, et, nonobstant, celui qui ne possède pas à fond la langue castillane est porté à s'imaginer que ces deux langages diffèrent plus essentiellement.

L'Andalous est toujours le « Don Juan »,

____

(1) C'est le faubourg le plus populaire de Séville.

plus ou moins marqué, tandis que le vieux Castillan a plutôt quelque chose du « Commandeur », de la célèbre légende.

Par malheur, pour toute la nation, le pauvre Commandeur, trop vieux, ne possède plus ses forces de jadis, forces qu'il perdit dans les aventures, dans les coups de tête auxquels il fut entraîné, et il ne se trouve plus en état d'exercer la moindre autorité sur l'effréné Don Juan, qui, après avoir porté la perturbation dans toute l'Europe pendant sa jeunesse, conserve encore assez d'influence pour malmener notre politique.

Et, pour plus de malheur encore, cette influence andalouse n'est pas directement exercée, mais par l'intermédiaire de la Nouvelle-Castille, soit de Madrid, dont le caractère n'est que la caricature du caractère andalous. Ce dernier n'est-il pas vraiment délicieux ?

L'imagination prédomine sur la réflexion ; mais l'imagination est vive, éclatante, et elle porte ceux qu'elle hante à un sentimentalisme charmeur qui a toujours une teinte mélancolique.

Le type purement andalous est, peut-être le plus poétique de l'Europe.

La femme est, là-bas, la véritable femell de l'homme, vis-à-vis duquel elle s'est impos comme mission : l'idée unique de lui plair L'andalouse la plus pauvre ne néglige, pou sa personne, aucun soin de propreté. Ses che veux, tressés, sont toujours ornés de fleur naturelles aux couleurs éclatantes. Les chant populaires de l'Andalousie : les *playeras*, le *malagueñas*, les *soledades*, etc., etc., son pour la plupart, de véritables poèmes. Le suje unique en est l'amour, mais avec une expres sion langoureuse, mélancolique, un peu à l manière arabe. Pour donner une idée de ce chants populaires, nous en transcrivons deu qui nous ont paru les modèles du genre :

Dos besos tengo en el alma
Que no me dejan vivir :
El ultimo de mi madre
Y el primero que te di.

Ay! tu amor es como el toro,
Donde le llaman se va :
El mio es como la piedra,
Donde le ponen se esta.

J'ai dans l'âme deux baisers
Qui ne me laissent pas vivre :
Le dernier que je reçus de ma mère
Et le premier que je te donnai.

Hélas! ton amour est comme le taureau :
Où on l'appelle, il va :
Le mien est comme la pierre,
Où on le met, il reste.

Comme nous l'avons dit déjà, il n'y a rien de commun entre le véritable andalous et sa caricature madrilène.

A Madrid, la *maja* (jolie fille) se transforme en *chula* (bonne fille), mélange hybride de la *cantaora* (cantadora) andalouse et de la chanteuse française de café-concert, mélange qui se découvre même dans le costume.

Chez l'homme, l'imagination perd toute sa vivacité originale et son éclat, et se réduit à une légèreté conventionnelle indigne du moindre succès.

Jusque dans leur façon de parler, les habitants de Madrid n'ont ni la grâce andalouse, ni encore moins la gravité élégante du vieux Castillan.

La légèreté madrilène est une légèreté fastidieuse, qui finit par « embêter » l'indifférent qui l'observe, et qui attriste ceux qui, comme nous malheureusement, doivent la supporter.

Jusqu'ici nous nous sommes borné à mettre en évidence les différences énormes qui existent entre les habitants de l'Espagne qui parlent naturellement la langue castillane.

Quelle diversité nous trouverions en comparant entre eux tous ceux qui parlent des langages différents !

Quant à nous, Catalans, je ne connais pas de caractère plus opposé au nôtre que celui du Castillan.

Don Juan, Don Quichotte et Figaro sont, pour nous, des types bien plus exotiques que M. Prudhomme ou John Bull.

Notre langue est rude comme notre tempérament.

Le Castillan, passionné pour la forme, peut généraliser mal, mais il généralise toujours; le Catalan, tombé aujourd'hui dans la plus matérialiste grossièreté, est toujours analytique et peu soucieux des formes.

Au temps de son éclat, le type castillan était l'hidalgo ; le Catalan, à l'époque la plus brillante de son histoire, inspirait déjà au Dante l'imprécation contenue dans ce vers de sa [*Divine Comédie* :

L'avara poverta de Catalogna.

L'avare pauvreté de Catalogne.

Pour démontrer complètement ces différences de caractère, il n'y a qu'à examiner l'histoire des deux grandes portions de l'Espagne, pendant leur séparation.

La portion castillane, depuis le commencement de la conquête des Maures, tend toujours à la concentration, à l'unification, à la prépondérance de sa race ; la portion aragonaise, dirigée par les Catalans, et influencée par les habitants des régions pyrénéennes, tend toujours à la décentralisation, à la variété, à la confédération.

L'idéal politique social castillan est l'autoritarisme du pouvoir social ; l'idéal politique aragonais-catalan est la liberté individuelle et régionale.

Ces renseignements sommaires suffisent à prouver qu'il était impossible de convertir l'Espagne en une seule nation, unifiée, et cependant cette unification a toujours été le but, l'objectif unique et la direction pseudo-andalouse qui s'est emparée de la chose publique pendant ces derniers siècles.

L'œuvre commencée par l'absolutisme des rois a été continuée par le parlementarisme des libéraux constitutionnels, et nous avons toujours mal marché. Aujourd'hui, toutes les variétés d'habitants qui peuplent l'Espagne, sont également déchues et dénaturalisées.

La démoralisation, l'ignorance, le fanatisme superstitieux et l'indifférence musulmane règnent dans toutes ses régions avec une égalité parfaite.

Catalans et Basques, Aragonais et Galiciens sont également assujettis et, sur tant de ruines, il n'y a que la vanité négative de la capitale, de Madrid, que nous allons essayer de faire connaître dans le chapitre suivant.

IV

MADRID

Madrid est une ville tout à fait originale.

La population s'accroit rapidement. Lors du recensement de 1860, elle n'atteignait pas 390,000 habitants; en 1877, elle s'élevait à 397,000, et aujourd'hui elle dépasse peut-être le demi-million.

Et cependant, cette ville, en apparence si prospère et florissante, ne possède presque aucun élément de production.

L'industrie y est presque nulle, et le commerce y est limité aux besoins de la consommation locale. La plus importante branche de son industrie est l'imprimerie et quelques-unes de ses annexes ; mais les éditeurs de Madrid ne peuvent pas soutenir la concurrence de ceux de Paris, Leipzig et New-York pour l'exportation en Amérique, qui est le principal débouché de la librairie espagnole.

Madrid ne possède donc point de classe ouvrière proprement dite.

Lorsque les politiciens éprouvent le besoin d'en exhiber une, dans quelque but particulier, ils ont recours à quelques centaines de typographes et d'ouvriers en bâtiment.

Madrid, sans commerce et sans industrie de quelque importance, n'est pas non plus une ville agricole ; elle est située au beau milieu d'un véritable désert.

S'il est vrai qu'en 1877 la ville comptait, en chiffres ronds, 400 mille habitants, il est très certain aussi que toute la province n'arrivait pas à 600,000 ; de sorte que, sans l'énorme appoint fourni par la capitale, chacun des 7,762 kilomètres carrés de cette province ne renfermerait pas même 25 habitants.

Aussi, de quelque côté que l'on aborde Madrid, rien n'annonce au voyageur la proximité d'une grande ville. Dans ses environs, et au delà de ses faubourgs, on ne voit ni villas, ni métairies, ni usines, ni établissements industriels ou agricoles.

La capitale de l'Espagne est environnée de tous côtés par cette terre jaunâtre, sèche, aride et déboisée, dont nous parlions précédemment, et si quelques rares villages se montrent de ci de là à travers cette campagne désolée, ils sont aussi jaunâtres et misérables que le sol qui les nourrit.

Quelques instants avant de pénétrer dans la capitale de toutes les Espagnes, on se croirait à une distance énorme de tout centre important de population.

Le voyageur qui débarque à Madrid sous cette triste impression est frappé du contraste qu'offre la ville avec la campagne environnante. Son aspect vif, animé, éclatant même au centre et dans les promenades, dispose favorablement le nouvel arrivant.

Les allées du Prado, de Recoletos et de la Fuente Castellana, qui sont le *bois de Boulogne* de Madrid, regorgent [chaque jour de voitures et d'équipages de luxe, dont les longues files se déploient sur une étendue de plusieurs kilomètres. Les rues principales qui aboutissent à la Puerta del Sol fourmillent de flâneurs qui, par leur démarche nonchalante, montrent bien qu'ils ne vont pas à leurs affaires.

Au premier coup d'œil, on voit que Madrid est une ville de désœuvrés.

Une autre originalité de Madrid, c'est que la vie et l'animation s'y développent à l'heure où elles prennent généralement fin dans les autres villes.

Le Madrid officiel, le véritable Madrid, s'éveille et commence à déployer son activité deux heures après que le gaz a remplacé le soleil. Pour aborder un personnage et le trouver de belle humeur, le moment le plus favorable est entre une heure et deux heures du matin. A ces heures avancées, les ministères sont ouverts ; tous les hauts fonctionnaires reçoivent dans leurs bureaux, où l'on passe le temps à fumer, bavarder, médire, tramer des complots et des conjurations.

Les cercles politiques sont alors en pleine activité.

On se souvient encore que, lorsque M. Stanislas Figueras occupa la présidence de la République, comme il avait l'habitude de se lever à cinq heures du matin et d'aller au ministère, les Madrilènes, indignés de ce bouleversement des saines pratiques, s'écrièrent que, si le président s'était proposé de les obliger à se lever de bonne heure, il se trompait fort, et qu'il ne parviendrait en tout cas qu'à les faire coucher un peu plus tard. Et, en effet, bon nombre de politiciens se donnèrent dès lors le malin plaisir d'aller souhaiter le bonjour à M. le président de la République avant d'aller se coucher.

Lorsqu'une ville d'un demi-million d'habitants vit dans le luxe et l'éclat, sans agriculture, sans grande industrie et avec un commerce réduit aux seuls besoins de la localité, cette ville doit posséder des ressources spéciales, desquelles elle tire ses moyens de subsistance.

Madrid, en effet, a une ressource spéciale :

Madrid vit de la politique, grâce à laquelle il consomme une grande partie du budget de la nation.

Entrez dans un cercle aristocratique, et vous n'y trouverez que des gens qui, d'une manière plus ou moins directe, vivent de la politique.

Celui-ci perçoit la retraite d'ancien ministre ; car, dans la pauvre et maigre Espagne, celui qui a été ministre un seul instant acquiert des droits à une pension à vie, et, à certaines époques récentes de notre histoire, on a changé chaque mois de cabinet.

Celui-là est un directeur général ou haut employé de quelque ministère, dont il ne visite jamais les bureaux.

Cet autre est l'un des cinq cents officiers généraux dont la majeure partie habite la capitale ; et si, par hasard, quelqu'un des assistants ne vit pas directement de la politique et consomme à Madrid le revenu de ses terres, afin de ne pas être une note discordante dans le concert général, il occupe ses loisirs en se mêlant des affaires financières de l'État.

Quand le cercle est moins aristocratique, le nom des sinécures ou des places varie, mais les moyens d'existence sont les mêmes.

Ce sont des employés de trois à cinq mille francs par an, en activité ou en retraite, ou bien des aspirants qui attendent la rentrée au pouvoir de leur parti.

Même dans les cercles d'opposition, où se réunissent les ennemis les plus acharnés du gouvernement et des institutions, ceux qui passent leur temps à machiner perpétuellement des complots trouvent encore le moyen d'émarger, soit au budget national, soit au budget provincial ou municipal, soit encore à celui de quelqu'une des grandes compagnies qui puisent leur vie dans le gouvernement.

Nous avons dit qu'à Madrid il n'y a pas de véritable classe ouvrière; il n'y a pas non plus de véritable bourgeoisie.

Les bourgeois qui vivent de leur métier, de leur commerce ou de leur industrie, sont étouffés dans toutes les manifestations de la vie sociale par la bourgeoisie officielle, qui les écrase par le nombre et par l'influence.

Mais les traitements et les pensions perçus directement ne suffiraient pas à eux seuls pour entretenir la vie dispendieuse et brillante de la capitale ; aussi les viveurs politiques ont-ils inventé une autre source féconde de revenus.

Cette source, c'est le *tripotage*.

Grâce à lui, le fonctionnaire qui ne touche que trois mille francs par an en dépense cinq ou six mille pour son seul logement.

A l'aide du tripotage, la femme de l'employé qui perçoit un traitement de quatre ou cinq mille francs se présente à l'Opéra couverte d'or et de pierreries, et occupe une loge dont l'abonnement suppose une dépense de trois ou quatre fois le montant de la solde du mari.

Les sommes d'argent que Madrid tire du tripotage sont incalculables.

La solution de toutes les affaires du pays est centralisée dans la capitale, et bien rare est l'affaire qui se traite gratuitement. Celui qui attend la solution d'une affaire doit commencer par graisser la patte à l'employé inférieur qui doit en poser le dossier sur le bu-

reau de son supérieur. Après cela, le solliciteur fait une visite à celui qui doit terminer
l'affaire, et l'on arrange le tripotage. Le pot-
de-vin est fixé, naturellement, d'après l'importance de l'affaire. Souvent il acquiert des
proportions énormes, et on a de nombreux
exemples de gens qui soient devenus riches
au moyen d'un seul tripotage.

Le tripotage est donc sans contredit la plus
importante des sources de la vie et de la splendeur de Madrid.

Après tout ce que nous venons de dire, on
s'imaginera facilement l'état dans lequel doit
se trouver la politique.

Considérée uniquement comme moyen d'existence par la capitale et comme moyen de parvenir par ceux qui la dirigent, la politique
espagnole est subdivisée à l'infini.

Il y a des partis, des fractions et des coteries pour tous les goûts, même pour les plus
difficiles.

En observant les partis et les hommes politiques madrilènes, on remarque qu'ils présentent deux faces parfaitement distinctes.

Leur face apparente, celle qu'ils présentent au public et aux peuples étrangers, est un composé de légèreté et de prétentions scientifiques qui ne manque pas d'un certain attrait.

Chaque parti ou coterie se groupe autour d'une bannière sur laquelle sont inscrits quelques principes généraux, que chaque individu jure de défendre jusqu'à la mort, comme le faisaient les anciens hidalgos des comédies castillanes ! Ah ! qu'ils sont pointilleux et intraitables, nos politiciens, lorsqu'il s'agit de faire la moindre concession publique sur quelque point de leur programme ! La recherche de la *formule* devient dès lors une œuvre de géants. Il faut ménager la dignité, les scrupules de conscience, l'amour-propre, le point d'honneur de ces hommes intègres qui, comme l'hermine, ne sauraient voir sans mourir la plus légère tache sur leur fourrure.

Et les badauds d'admirer !

Voilà pour la face apparente.

Quant à la face réelle, c'est tout autre chose.

Les chefs de parti ou de coterie se moquent des principes, des bannières, des programmes, et penchent toujours du côté où ils entrevoient la satisfaction de leurs convoitises. Spéculant sur l'ignorance publique et comptant sur l'indifférence générale, ils ne se préoccupent que de rester toujours debout en sauvant les formes.

Tous les hommes politiques de Madrid, *presque* sans exception, sont des preuves vivantes de ce que nous avançons.

Canovas, par exemple, commença sa carrière politique par un programme révolutionnaire qui ébranla les fondements du trône d'Isabelle II.

Martinez Campos, le général de la restauration, improvisa sa carrière militaire durant la Révolution et dut son élévation rapide à ses amis d'alors, les républicains.

Romero Robledo, hier encore ministre d'Alphonse XII et l'âme de la *situacion* conservatrice, est l'un des auteurs d'un placard célèbre, où les Bourbons étaient déclarés race bâtarde et infâme.

Sagasta, qui dans sa soif de pouvoir tantôt

menaçait don Alphonse et tantôt s'aplatissait à ses pieds pour mendier le ministère, Sagasta, disons-nous, fut un de ceux qui conspirèrent le plus contre la mère du roi, et il fut piteusement balayé du pouvoir par la restauration triomphante.

Martos, l'homme des formules et des *distinguo* casuistiques, a sauté cent fois de la monarchie à la république, et il a maintenant un pied dans chacune pour rester au besoin du côté où le soleil brillera le mieux.

Castelar s'éleva par le fédéralisme, dont il fut l'apôtre le plus fougueux, et maintenant il saisit toutes les occasions de décrier ce système politique.

Salmeron...

Mais arrêtons-nous, car nous n'en finirions pas.

Nous verrons la face réelle des hommes politiques lorsque nous étudierons les effets de la politique en Espagne.

Nous avons dit que la face apparente des partis et des hommes politiques offre un composé de légèreté et de prétentions scientifiques qui ne manquent pas d'un certain attrait. Nous ajouterons qu'elle est parfaitement ridicule pour tous ceux qui ont étudié un peu à fond l'art de gouverner les peuples.

Elle vit encore en plein romantisme et se réduit à l'emploi de mots sonores et ronflants ; elle ne descend jamais à la vie réelle de la société.

Le parti conservateur, par exemple, a gravement discuté pour savoir s'il devrait prendre le nom de conservateur-libéral ou de libéral-conservateur.

Très souvent on entreprend de longues discussions aux Cortès pour décider où réside la souveraineté nationale, et les partis se passionnent sur des *distinguo* parfaitement byzantins.

Ceux qui ont voulu se donner comme les plus avancés ont soutenu la théorie que les droits de l'individu sont sacrés et ne peuvent être réglementés par aucune loi, et, tout en maintenant leur assertion, ils se sont empressés de réglementer ces mêmes droits.

Il y a des partis qui sont fondés sur certaines distinctions et confusions du philosophe allemand Krause, presque oublié depuis longtemps dans son propre pays, et qui emploient une phraséologie bigarrée et inintelligible, apprise de seconde main.

Pour compléter le tableau, nous ajouterons qu'un parti, qui fut nombreux et populaire et peut le redevenir encore, est basé sur une petite brochure de Proudhon, qui passa presque inaperçue en France. Ce parti a pour article de foi les élucubrations et paradoxes contenus dans le *Principe fédératif*, et prétend organiser la nation par le pacte synallagmatique des individus, des communes et des provinces.

Cette face apparente suffit aux politiciens pour conserver leur autorité et dominer le pays.

Pour mieux assurer encore leur domination, ils forment entre eux, même entre les plus éloignés en apparence, une sorte de société de secours mutuels. Tacitement, tous acceptent un certain nombre de règles pour l'exploitation du pays, règles qu'aucun d'eux ne trahit jamais.

Tous sont d'accord pour considérer Madrid comme la tête et le cœur de la nation, et, lorsqu'il est question de conserver cette prééminence, monarchistes et républicains, conservateurs et radicaux, chantent sur le même ton; on n'entend pas une note discordante.

Ainsi, par exemple, lorsque la commission catalane alla présenter à don Alphonse le *Mémoire régionaliste*, tous les partis en jeu s'acharnèrent contre l'œuvre et ses auteurs.

Pour eux tous, la comédie honteuse qui a conduit la nation à deux doigts de sa perte est du pur parlementarisme, et gare à qui oserait y toucher! Si quelqu'un avait la hardiesse de combattre ce soi-disant parlementarisme, ou seulement de le critiquer, un *tolle* général s'élèverait des rangs des politiciens de toutes les couleurs, et ce malheureux, unanimement accusé de vouloir nous ramener à l'absolutisme, serait bientôt écrasé sous le poids de cette passion publique et nationale dont nous parlons plus haut, habilement exploitée par les partis et coteries madrilènes.

Pour eux tous, tout ce qui est contraire aux intérêts généraux du pays producteur doit être soigneusement respecté par n'importe quel gouvernement qui succède à celui qui a été l'auteur de la mesure, sous prétexte que les grands principes de politique et de dignité nationales ne comportent pas autre chose.

Ainsi, dernièrement, nous avons vu M. Sagasta tomber sous le poids de l'impopularité habilement exploitée par M. Canovas et ses amis, qui combattirent avec ardeur le traité de commerce avec la France et les tarifs de la contribution industrielle, et qui, arrivés au pouvoir, continuèrent le même système en l'aggravant.

Quant au traité de commerce avec l'Angleterre, ruineux pour le pays, il n'a pas dépendu de M. Canovas qu'il ne fût exécuté, mais de l'espoir qu'a la Grande-Bretagne d'obtenir des conditions plus favorables, comme on l'a vu tout récemment, sous le ministère Sagasta-Moret.

Tous ces partis savent fort bien que la force de chacun d'eux est plus apparente que réelle;

car il n'en est aucun qui ait jeté des racines profondes dans l'opinion publique assoupie. Aussi tous se tiennent par le bras pour se soutenir réciproquement et la société d'éloges mutuels est toujours en activité pour prôner celui dont le nom se trouve en vedette sur l'affiche politique.

Les politiciens madrilènes ressemblent à ces longues files d'ivrognes que l'on voit souvent dans les ports de mer. Incapables de se tenir isolément sur leurs jambes, ils s'appuient les uns sur les autres, et marchent, ainsi pressés et en chancelant tout d'une pièce, jusqu'au petit bateau qui doit les ramener à bord.

Les deux faces des politiciens constituent donc l'origine de leur force. Mais, il faut entrer dans quelques autres détails, qui seront l'objet du chapitre suivant.

V

ORGANISATION DES PARTIS POLITIQUES
DE MADRID

Après avoir signalé les lignes génerales de notre farce politique, et tracé la silhouette des hommes qui la jouent, nous croyons que quelques détails plus circonstanciés ne seront pas dépourvus d'intérêt.

Avant tout, il faut bien qu'on sache qu'il n'y a pas un seul parti — ou bande — de cette politique que l'on appelle nationale, qui ait la moindre racine dans le pays.

En lisant un journal d'une couleur bien déterminée, en entrant dans un cercle où se réunissent des politiciens d'une même nuance, on peut être sûr que, ni le journal, ni le cercle ne vivent le premier de ses abonnés, le second du produit de la cotisation de ses membres.

La vie de l'un et de l'autre est purement artificielle.

Si le parti auquel ce journal et ce cercle appartiennent est au pouvoir, ou près du pouvoir, la dépense est soldée directement ou indirectement par les fonds officiels.

Et qu'on n'aille pas supposer que nos gouvernants disposent, comme le chancelier de l'empire d'Allemagne, de « fonds des reptiles », ou de « fonds secrets », comme dans bien d'autres pays !

Que non pas !

Chez nous, tant de cérémonies ne sont pas nécessaires.

Quand on sent le besoin ou la nécessité d'avoir une certaine somme, on la prend tout simplement ; et, ensuite, c'est affaire d'un employé subalterne de mettre la chose en règle, soit par un *transfert* de crédit, soit par un *chanchullo.*

Et les exemples de toutes sortes abondent !

Il n'y a pas encore bien longtemps, au sein même du conseil municipal d'une grande ville, on avait organisé une société pour soutirer des fonds par des tripotages dans les travaux de construction et œuvres municipales. Cette société se composait de trois conseillers — une sainte trinité ! — appartenant, en apparence, à trois partis différents. L'entreprise soutenait deux journaux de deux de ces trois partis ; le troisième associé, plus pratique et moins désintéressé que ses collègues, n'entretenait pas d'organe : il préférait empocher tout bonnement la part entière lui revenant de *l'affaire*.

Il est inutile de dire qu'il y a des exceptions, et qu'on pourrait nous en signaler quelqu'une ; mais, en général, on sait que les exceptions confirment la règle.

Le journal *El Globo*, à Madrid, par exemple, *la Publicidad*, à Barcelone, et quelques autres — ont assez d'abonnés pour se permettre une vie indépendante ; mais ces journaux ne doivent pas leurs abonnés à leur parti seulement, mais à tout le public en général, et ce à cause de la gravure — cliché de troisième ou quatrième main — qui orne quotidiennement leur première page.

Les journaux qui, à Madrid et dans les autres grands centres de l'Espagne, jouissent d'une existence prospère et font la fortune de leurs propriétaires, sont des journaux ne dépendant d'aucun parti, d'aucune coterie, ou bien alors d'une indépendance aussi « dépendante » que la *Correspondencia de España*, la feuille qui a le plus grand tirage, et qui est toujours ministérielle... invariablement, quel que soit le ministère au pouvoir. A tout changement politique, elle change de couleur, et, souvent, on l'a vue combattre le soir ce qu'elle avait préconisé le matin.

Les hommes politiques de Madrid ont, non seulement dans la capitale, mais dans toutes les villes et communes de quelque importance, des cercles où se réunissent leurs partisans.

Il n'y a peut-être pas, dans toute la nation, deux de ces cercles comptant deux cents membres.

Leur vie est forcément aussi précaire, auss
éphémère que celle des journaux.

Il n'y a pas longtemps, à Madrid même, un
gouverneur qui voulait faire du zèle en met
tant dans l'embarras quelques politiques enne
mis de son gouvernement, joua la comédie de
prendre leurs cercles en flagrant délit de jeu
prohibé, moyen par lequel ces gens qui aspi
raient à la direction de l'Etat soutenaient ce
mêmes cercles.

Pendant qu'une coterie est au pouvoir, on
peut croire que le nombre de ses adhérents
augmente; mais cette progression n'est jamais
suffisante pour donner à ces cercles une vie
indépendante.

Dans ce cas, le *chanchullo* officiel est la
ressource qui permet aux cercles gouverne
mentaux de se montrer publiquement avec un
certain décorum.

Ce que nous venons de rapporter se passe
plutôt dans les capitales et les villes d'une
certaine importance.

Dans les petites villes et dans les grands
villages, le jeu est bien plus simple. Il y a tou-

jours deux ou trois hommes qui exploitent les affaires publiques ; et ces deux ou trois hommes suffisent pour fournir des *comités* à tous les partis existant ou pouvant exister. Ils sont monarchistes ou républicains, conservateurs ou radicaux, suivant le vent qui souffle et selon les besoins de la petite affaire ou *chanchullo* qu'on a entre les mains.

Par exemple, ces deux ou trois hommes, quand le gouvernement triomphe ou paraît triompher d'une insurrection, félicitent ce gouvernement de sa victoire, pendant qu'en même temps ils encouragent Ruiz Zorrilla à une conspiration prochaine.

Toute la question est de changer les noms ou les fonctions.

Le président Zorrilliste devient au besoin simple membre du comité conservateur ou constitutionnel, et signe, le cas échéant, comme secrétaire opportuniste.

Par ces moyens si simples, le champ d'exploitation des politiques madrilènes s'étend jusqu'aux coins les plus reculés de la nation, et l'immoralité et la farce productive parviennent jusqu'aux plus humbles hameaux, auxquels n'arrivent ni le chemin de fer, ni même la route carrossable.

« Mais, nous dira-t-on, les affirmations que vous venez de faire ne s'accordent guère avec les descriptions que nous lisons souvent dans les gazettes sur les grandes manifestations des partis ! Nous y voyons, au contraire, que, lorsqu'on organise un *meeting*, ou quand les partis prennent part aux élections, les votants se comptent par milliers ».

A cette objection nous répondrons que les récits des gazettes ne sont que de la farce, de la pure farce, conséquence de la consigne de présenter toujours aux yeux des badauds du pays, ainsi qu'aux indifférents de l'étranger, la face apparente de la politique bien parée, bien « épatante »!

Tel député, qui apparaît comme élu par plusieurs milliers d'électeurs, n'a, en réalité, obtenu que le nombre strict de voix à lui attribué par l'élément officiel.

En ces cas-là, il y a, entre tous les politiques, convention tacite de mentir effrontément, et

de se pardonner, de se respecter mutuelle-
ment le mensonge.

Aujourd'hui même un des hommes de Madrid les plus éloignés des tripotages, don
Francisco Pi y Margall, occupe une place dans
la représentation nationale. On le dit député,
élu par accumulation, c'est-à-dire, non point
par une seule circonscription électorale, mais
bien par les votes additionnés de tous les collèges électoraux de la nation.

Eh bien! on attribua ainsi à Pi y Margall
plus de trente mille suffrages, alors qu'en réalité il en obtint peut-être trente douzaines.

Le gouvernement qui fit les élections avait
un intérêt tout spécial à laisser entrer aux
Cortès les chefs de tous les partis et coteries
républicaines, et il ne manqua pas d'ordonner
à ses agents de consigner dans les procès-
verbaux de chaque collège quelques voix en
faveur de l'homme politique en question. Les
agents s'exécutèrent avec zèle, mais parfois
ils allèrent trop loin, sans s'en rendre compte,
et, au moment du recensement des votes, on
s'aperçut que le total accusé était énorme, hors

de proportion, invraisemblable! mais quel remède? M. Pi y Margall fut admis au Congrès!

Et ce politicien, le moins rapproché des faiseurs et le plus ennemi des farces, se vante volontiers aujourd'hui d'avoir été élu par plus de trente mille de ses concitoyens, dans des élections faites par le suffrage restreint!

Et c'est par des moyens si simples que prospèrent les partis et les coteries politiques et qu'ils s'imposent à toute la nation assoupie et indifférente.

Pour mieux assurer leur réussite, ces partis et coteries comptent souvent sur quelques généraux qui, dans les circonstances désespérées, mettent dans la balance tout le poids de leurs épées.

Ainsi nous avons fait naître une chose tout à fait espagnole, et qui, comme les *pronunciamientos* et les expressions techniques des courses de taureaux, n'est traduisible en aucune autre langue européenne.

Nous voulons parler de *las crisis del miedo* (1).

____

(1) Littéralement : les crises de la peur.

Quand un parti ou coterie qui compte dans son sein quelques généraux, a perdu l'espoir d'arriver à goûter les délices rêvées du pouvoir par les moyens légitimes et naturels, il réunit dans un banquet ses généraux et commandants de l'armée, et, au dessert, par des toasts bien sentis, on fait savoir au pouvoir irresponsable que l'on pourrait bien faire un petit *pronunciamiento*.

Si le pouvoir irresponsable a conscience de sa faiblesse, il transige, et le parti menaçant est appelé à ses conseils.

C'est le procédé ordinairement employé par le parti de Sagasta, qui aujourd'hui préside aux destinées de la nation, grâce à la *crisis del miedo* qui se produisit à la mort de Don Alphonse.

Actuellement une nouvelle *crisis* de cette espèce est en préparation.

La coterie réformiste de Romero Robledo et du général Lopez Dominguez tente, par tous les moyens, de s'imposer à la Régente, dans le but d'obtenir la succession du gouvernement que préside M. Sagasta.

Nous voudrions faire l'énumération des principaux partis, bandes ou coteries qui jouent à la politique madrilène, mais il est tout à fait impossible d'en tracer un tableau un peu complet.

Il y a des partis dynastiques, des partis antidynastiques, des partis monarchiques et des partis républicains.

Parmi les partis dynastiques, nous avons les conservateurs, dirigés par M. Canovas del Castillo, et, sans pouvoir trop expliquer ni justifier ce titre, les constitutionnels, commandés par M. Sagasta.

Tout récemment, par suite d'une rupture entre M. Canovas et son lieutenant, M. Romero Robledo, celui-ci s'unit avec le général Lopez Dominguez, neveu de feu le maréchal Serrano, et fonda le parti réformiste.

Cependant, chacune de ces coteries n'est pas un corps simple, mais bien un composé des éléments les plus incohérents.

Le parti qui, actuellement, dispose de la chose publique est le résultat de la fusion d'une partie des anciens progressistes, de quelques démocrates qui ont déserté leur bannière, et de certains éléments détachés du parti conservateur.

Le garant de la situation, vis-à-vis de la Régence, est le maréchal Martinez Campos qui, comme les âmes de Dante, plane, voltige entre tous les groupes qui sont susceptibles d'arriver au pouvoir.

Parmi les partis antidynastiques, celui qui a le plus de force et qui possède quelques racines dans les contrées les moins éclairées du pays est, sans nul doute, le parti absolutiste ou carliste, lequel se divise, nonobstant, en *integros* (intègres) et *mestizos* (mitigés) qui se font entre eux une guerre acharnée.

Les *integros* sont les purs restés fidèles à Don Carlos de Bourbon, qui les commande en prétendant absolu; les *mestizos* sont les indécis, qui se prêtèrent à servir de lest pour la dernière combinaison conservatrice en laissant entrer leur leader, le marquis de Pidal, au ministère.

Pour ce qui est des partis et coteries républicains, la décomposition en est aussi complète que chez les partis monarchiques.

Castelar, dont l'idéal n'est que la situation hybride actuelle de la République Française, bien moins accentuée encore, n'a pas réussi à maintenir son parti, malgré son éloquence toute personnelle et son travail incessant de propagande.

Ruiz Zorrilla qui, après avoir passé d'un bond de la monarchie à la république, acquit une certaine popularité par ses conspirations avortées, se consume aujourd'hui dans la solitude de Paris, solitude qu'il échangera peut-être, dans quelques mois, pour celle de Tablada (1), en Espagne, après avoir obtenu l'amnistie complète pour les officiers qu'il compromit par ses conspirations.

Pendant ces derniers mois, le parti de Ruiz Zorrilla a laissé percer la désunion qui le ronge depuis longtemps.

Salmeron, Figuerola, et quelques autres de ses partisans se sont séparés plus ou moins ouvertement de son chef. Sans doute, avec

____

(1) Ferme que possède M. Ruiz Zorrilla, et où il se retire quand il se sent fatigué de la politique.

quelques amis, ils vont former de nouvelles coteries, ou ils augmenteront le nombre des républicains *sueltos* ainsi que la majorité des anciens politiciens en vue du parti républicain.

Pi y Margall, qui ne connaît du monde réel que les faibles rayons qui arrivent jusqu'à son cabinet d'études, prêchant toujours le romantisme rationaliste qui était de mode il y a un demi-siècle, n'est nullement capable de former un groupe assez important pour mériter le nom de parti.

Malgré le développement du régionalisme, qui peut bien se confondre avec le véritable fédéralisme, il est condamné à voir que le nom qu'il se donne devient populaire dans certaines régions espagnoles, sans vouloir jamais reconnaître que, de son « proudhonisme » à l'organisation fédérative pratique, il y a une distance énorme.

Il y a encore bien d'autres partis ou coteries que nous ne pouvons énumérer, parce que ça n'en finirait pas.

Il y a, par exemple, les républicains qui

s'intitulent fédéraux organiques, et qui persistent à vouloir subsister, quoique la mort de leur chef, M. Stanislas Figueras, les laisse sans direction, ni boussole, circonstance qui les condamne à disparaître irrémissiblement, car, en Espagne, les partis politiques sont, avant tout, des coteries personnelles.

Cette règle n'a pas d'exception dans la politique madrilène.

Tout chef qui meurt, dissout par le fait son propre parti, ou du moins cause sa modification, son éparpillement, selon ce que pourront être les habitudes et les qualités du successeur, si successeur il y a.

Ce qui advint du parti organique après le décès de Figueras est le « cliché » de ce qu'il adviendra demain de quelque parti que ce soit, monarchique ou républicain, qui se trouvera dans le même cas.

Pour compléter cette peinture des partis, bandes et coteries politiques de notre pays, nous devrions tracer le portrait de leurs principaux chefs, ainsi considérés isolément, comme e groupe, dans l'ensemble informe de la politique madrilène.

C'est ce que nous allons essayer de faire dans le chapitre suivant.

VI

LES HOMMES POLITIQUES

« La société de secours mutuels » formée pa
les politiciens de Madrid, société à l'aide d
laquelle ils peuvent exploiter continuellemer
le pays, nous facilitera les moyens de les pro
senter bien groupés et formant un faiscea
plus compacte.

Dans leur manière d'être extérieure vis-à
vis l'un de l'autre, ils ne manquent jamais a
« conventionalisme » qu'ils se sont imposé.

L'on se garderait bien, par exemple, de non
mer, de citer Martos, sans faire précéder o
suivre son nom des épithètes « l'éloquent)
« le grand orateur », etc. Salmeron est tou

jours le « philosophe »; Moret, « l'économiste éminent », et Pi y Margall, le « profond penseur ».

Dans la discussion, en apparence la plus acharnée, ils ne négligent jamais ces formules de flatterie mutuelle, grâces auxquelles le pauvre pays arrive à croire que les hommes qui le dirigent sont des sommités, non seulement européennes, mais universelles.

Nonobstant, il faut confesser que, dans la majorité des cas, rien n'est plus loin de la vérité.

Bien souvent il m'est arrivé, étant à l'étranger, d'être questionné au sujet de ce qu'étaient les grands discours de Martos, les chefs-d'œuvre philosophiques de Salmeron, les remarquables travaux économiques de Moret, et j'avoue que la demande a toujours été pour moi fort embarrassante.

Le « grand orateur » Martos n'a, en effet, jamais, dans aucun de ses discours, développé un thème sérieux. Ils ont toujours trait à quelque puérile actualité, et, sans autre mérite que l'affectation de la forme, embrouillée et inextricable, peuvent plutôt se classer dans le genre rococo.

Du « grand philosophe », de « l'éminent économiste », on ne connaît point un seul ouvrage de philosophie ni d'économie, et, leurs discours à part, toute la production de leur génie se réduit à quelque petite brochure ou quelque préface complaisante pour le livre de tel ou tel ami.

Et ce système que nous essayons de décrire, on l'emploie non seulement pour les figures les plus en relief de la politique, mais aussi, toute proportion gardée, pour les plus modestes.

Qu'un député, nouveau venu aux Cortès, fasse à la tribune un début heureux, en s'exprimant facilement sur des généralités, en effleurant toutes les matières, quoique sans se fixer sérieusement sur aucune, on l'exalte, on le baptise tout d'un coup « grande espérance de la patrie », et ses adversaires mêmes le complimentent à qui mieux mieux.

C'est là lui ouvrir les portes de la « Société de secours mutuels », portes par lesquelles n'a jamais passé même le plus distingué des esprits provinciaux.

Ceux-ci, en effet, même les plus savants, même ces très rares exceptions dont le nom est arrivé à franchir les frontières, ne sont point considérés par *les grands hommes*, à Madrid, s'ils n'entrent pas dans la coterie.

Les hommes de réel mérite, qui ne se mêlent pas au jeu politique de la capitale, sont bien plus connus et surtout bien plus appréciés à Paris qu'à Madrid.

Nous sommes allé à Madrid avec les deux poètes catalans les plus distingués, Pitarra et Verdaguer, et nous avons constaté qu'ils n'y ont pas reçu une seule marque d'attention! Et nous nous souvenons que, lorsqu'à l'occasion d'une fête annuelle du *Felibrige*, Verdaguer alla visiter Paris, il y fut l'objet des prévenances les plus sympathiques et les plus délicates.

Ce système des politiciens madrilènes est pour eux un système à double effet.

Ils élèvent la capitale en même temps qu'ils rabaissent la province.

Il n'y a pas moyen de leur échapper.

Toute personne douée de quelque valeur doit se livrer à leur merci, ou se résigner à n'être jamais rien de sa vie.

De cette organisation il résulte que tous les partis sont également impuissants pour pouvoir tenter quelque chose de profitable pour la patrie.

C'est pour cela que, malgré qu'on ait en Espagne essayé de tout, nous avons toujours marché à reculons, de mal en pis.

Pour ces mêmes raisons, les hommes d'un certain mérite, comme Canovas et Castelar, par exemple, sont dans la même impuissance que ces autres qui, ainsi que Martos. Romero Robledo et la plupart de nos politiciens, font le métier de *vividores* (jouisseurs); car le conventionalisme organisé est bien supérieur aux efforts individuels, pour énergiques qu'on puisse les supposer.

Ce serait l'occasion peut-être de passer en revue les *grandes* figures de nos politiciens ; mais une telle tâche serait bien difficultueuse, car, pour la plupart d'entre eux, nous ne pourrions guère ajouter grand'chose à ce que nous venons de dire, à propos de quelques-uns.

En effet, les Moret, les Bugallal, les Salmeron, etc., etc., ne sont que l'imitation des types genre Romero Robledo et Martos, que nous venons d'analyser.

Chacun d'eux a plus ou moins d'effronterie, plus ou moins de verbiage; chacun d'eux a su réaliser une fortune plus ou moins considérable, sans avoir jamais pu se livrer à un travail utile et honnêtement productif.

Comme faisant exception à la règle générale, nous avons cité le monarchiste Canovas et le républicain Castelar, qui ont réellement des mérites personnels.

Canovas est, en vérité, plus sérieux que la généralité des politiciens de notre pays; et l'éloquence rare de Castelar, ses périodes sonores et irréprochables au point de vue de la richesse du langage, ont passé les frontières, sans doute pour porter aux étrangers la preuve que des qualités naturelles aussi admirables peuvent rester stériles et inutiles à toute affaire sérieuse dans notre pauvre pays. Mais ces deux hommes, les plus méritants peut-être de tous nos politiciens, ne peuvent se soustraire à cette légèreté qui est le côté caractéristique de notre politique.

On a vu Castelar à Paris, l'année dernière, et l'on a pu remarquer que, lorsqu'il assistait à un banquet opportuniste, il se faisait plus opportuniste que l'inventeur même de ce mot, tandis qu'au milieu d'une réunion de félibres il devenait aussi régionaliste que nous-même, et qu'il savait ensuite paraître grec ou juif selon la race de ses amphitryons.

Eh bien! il n'était pas fautif de cette inconsistance.

Il se comportait en véritable politique mode madrilène. Tout son talent, toute son éloquence ne peuvent le soustraire à l'influence de l'atmosphère dans laquelle il s'est formé.

Mais ces hommes, et quelques autres comme Pi y Margall, qui a déployé une grande fermeté de caractère pour soutenir une chose aussi fragile que les élucubrations d'une petite brochure de Proudhon, et qui, par suite de cette manie, ne tire pas le profit qu'il pourrait de sa connaissance approfondie — quoiqu'un peu démodée — des questions d'art et d'histoire, ces hommes, disons-nous, sont *rara avis* dans la politique madrilène, dont le type, nous le répétons, s'est concentré dans les Martos, les Romero Robledo, les Moret, les Salmeron et consorts.

Chez tous ces hommes, ainsi que chez la majorité de nos politiciens, l'expression typique se présente avec une franchise et un naturel étonnants.

La religion des deux faces : la face apparente et la face réelle a en eux ses prêtres les plus consciencieux.

Ils sont, quant à leurs principes, les gens les plus pointilleux.

Martos, après avoir sauté cent fois de la monarchie à la république et vice versa, toujours, bien entendu, par « évolution consciente de sa propre conscience immaculée », resta pendant quelques mois à « honnête distance » de feu Don Alphonse, mais non sans profiter de tous les avantages que sa situation lui procurait.

Salmeron, pendant qu'il faisait partie d'un gouvernement républicain, sentit « dans le fond de son propre sujet », — c'est son expression — des scrupules invincibles pour l'application de la peine de mort, et, nouveau Caton, il se retira du ministère... pour devenir Président de l'Assemblée, qui était presque une Convention, et, de son fauteuil, il présida sans scrupule aux débats, et, sans chercher à le combattre, au vote de la loi qui sanctionnait l'application de la terrible peine.

Moret est l'homme le plus méticuleux, ce qui n'empêche pas que, dépendant et salarié d'une grande compagnie minière anglaise, il n'ait imposé à la nation, *par pur patriotisme*, le traité de commerce avec l'Angleterre, qui menace toute notre industrie et porte un coup fatal à beaucoup de nos produits agricoles par les facilités qu'il concède à la concurrence de leurs similaires des colonies anglaises, et des contrées sous le protectorat britannique.

Romero Robledo..... nous avons beaucoup parlé de cette grande figure de notre politique ; mais nous en reparlerons encore.

Par toute son histoire, ce parvenu qui, il y a quelques années, ne possédait pas un sou, qui ne vivait que de petits émoluments que lui accordaient quelques compagnies, et qui, aujourd'hui, est plus que millionnaire, peut être considéré comme le modèle le plus parfait du politicien madrilène.

Le type est si absolument complet que Sagasta lui-même, Sagasta le grand conspirateur d'avant 1868; Sagasta, l'irréconciliable ennemi des Bourbons, le soutien d'Amédée de Savoie pendant son règne éphémère ; Sagasta, le républicain du coup d'État qui escamota la République pour devenir le ministre d'Alphonse XII et qui est l'un des plus fermes partisans de la Régence actuelle ; Sagasta, disons-nous, n'est qu'une miniature, ou, mieux encore, une caricature de Romero Robledo.

Il est possédé de l'anxiété, du souci du pouvoir.

Pendant qu'il en est éloigné, il conspire, il menace, il s'aplatit, il lèche les mains de celui qui peut le lui concéder, Roi ou Peuple, et fait enfin tout ce qu'on peut imaginer et même

tout ce qui est inimaginable pour arriver à l
recouvrer.

Tous les moyens sont également bons pou
sa conscience.

C'est là sa face réelle.

Quant à sa face apparente : il se dit toujour
chef du parti libéral monarchique ; et malheu
à celui qui oserait publiquement toucher à l
plus minime des libertés, desquelles il s
moque dans son for intérieur, et qu'il aliéne
rait volontiers pour un siècle, si une telle con
cession devait prolonger d'une minute seule
ment sa possession du pouvoir.

Tels sont les politiciens aux mains desquel
est livrée la pauvre Espagne.

On voit clairement que nous avons le droi
de concevoir de belles espérances pour l'ave
nir, jusqu'à ce que nous soyons arrivés à dé
truire dans les plus profondes de ses racine
cette « Société de secours mutuels », qui, for
mée à Madrid, fait sentir son influence perni
cieuse jusques aux coins les plus reculés d
la nation.

VII

RÉGIME DES PROVINCES

Transportons notre observation hors de Madrid, dans quelque ville de province, comme Barcelone, Séville ou Valence, et commençons notre examen.

Nous remarquons d'abord que toutes les grandes villes contiennent une réduction du Madrid officiel.

A la tête de chaque province se trouve un gouverneur civil, représentant direct du ministre de l'intérieur, entouré d'une cohorte plus ou moins nombreuse d'employés coupés sur le même patron que ceux de la capitale.

Il y a aussi une miniature des partis et coteries politiques, qui ordinairement s'organisent en comités.

Les chefs politiques madrilènes ont dans chaque ville de province une demi-douzaine d'amis qui assument leur représentation et exécutent aveuglément leurs ordres.

Comme tous les imitateurs, les hommes politiques et les employés de province présentent les mêmes caractères que ceux de Madrid, d'une manière plus ou moins accentuée. Ils ont aussi les deux faces; ils constituent plus ou moins rudimentairement la société de secours mutuels; ils exploitent les passions populaires, etc., etc.

Mais ici cesse toute ressemblance entre Madrid et la province.

A Madrid se trouvent les directeurs de l'exploitation du pays; en province, il n'y a plus que leurs agents, dont la principale mission est de travailler pour la capitale. De plus, à Madrid, les politiciens sont maîtres du terrain, sans opposition; en province, leurs agents constituent une petite minorité et se trouvent noyés au milieu de la foule qui travaille pour les nourrir.

A Madrid encore, la face apparente est bien plus difficile à montrer seule.

Les politiciens se trouvent en présence du corps diplomatique et des missions étrangères, devant lesquels il faut jouer la comédie avec art.

En province, on n'a pas besoin de se gêner, et la face réelle se montre le plus souvent dans toute sa nudité.

C'est donc en province que l'on peut observer, dans toute sa hideur, l'immoralité officielle qui, aujourd'hui, caractérise aussi bien l'Espagne que le faisaient autrefois les boléros, les majas, les moines et les toréadors.

Le gouverneur civil est généralement un parvenu qui doit sa place à la faveur du ministre, et il se comporte en vrai pacha dans son commandement.

Il ne manque pas d'exemples de gouverneurs qui, avant d'obtenir le pachalik, étaient simples reporters d'un journal sans abonnés et touchaient de 50 à 100 fr. par mois, qui leur suffisaient à peine pour leurs déjeuners. Pour le dîner, le souper et le reste, ils se les procuraient au moyen d'artifices propres aux bohèmes qui constituent une classe si nombreuse dans la capitale de toutes les Espagnes.

Le traitement d'un gouverneur n'est pas considérable ; il varie entre 10 et 15,000 francs, selon l'importance de la province.

Malgré cela, le gouverneur qui peut rester en place durant quelques années s'enrichit sûrement, s'il le veut ; quelques mois même suffisent dans certaines provinces.

Ainsi on calcule qu'un gouverneur *adroit* peut tirer de la province de Barcelone environ quatre ou cinq cent mille francs par an.

Le jeu seul peut lui donner de 5 à 700 francs par jour.

Ce qu'on nomme ici l'*hygiène*, et qui n'est autre chose que l'exploitation de la prostitution (que la loi ne réglemente pas et qui est laissée à la volonté du gouverneur), peut lui donner aussi de très gros revenus.

L'énumération des autres sources auxquelles les gouverneurs peuvent puiser une fortune aussi bien acquise serait longue et difficile, et quelques-unes sembleraient invraisemblables à des lecteurs étrangers.

Disons seulement que dans quelques grandes villes, comme à Barcelone, la *corporation* des pickpockets et escrocs est parfaitement organisée et forme une association puissante, dont les membres sont rigoureusement classés et obéissent à des chefs connus.

Cette association se subdivise en fractions qui tirent leur nom de leur manière spéciale de procéder; ainsi il y a les *timadores*, les *tiradores*, les *taruguistas*, etc., etc., que tout le monde connaît, à l'exception de la police cependant, car il n'est pas rare de voir dans les lieux publics quelqu'un des *honorables* membres de la société en amicale conversation avec des agents de l'autorité.

Cette société est si bien constituée, que quelquefois ses membres se sont réunis en banquet fraternel dans quelque restaurant public, et, en termes plus ou moins voilés par l'argot du métier, ont porté des toasts enthousiastes à la prospérité de leurs affaires; et tout cela sans que la police ait cru de son devoir de nous épargner un aussi dégradant spectacle.

L'organisation de cette association de voleurs est si connue, que, lorsqu'un particulier a sa montre volée, il sait toujours à qui s'adresser pour la recouvrer, moyennant une rançon réglée d'avance, suivant la valeur du vol. Il n'est pas rare même qu'un agent de police rapporte de sa propre main l'objet volé, et que cette même main reçoive, tout naturellement, la rançon convenue.

Nos lecteurs voient bien que nous n'étions que juste en comparant nos gouverneurs à de véritables pachas.

Placés, en effet, à la tête des provinces pour les exploiter au bénéfice de la capitale et pour faire les élections au gré du gouvernement, la plupart d'entre eux ne reconnaissent pas de bornes à leurs caprices.

Si quelque particulier a une affaire de droit civil avec un autre et ne veut pas subir les lenteurs et les frais d'un procès devant les tribunaux ; si ce quidam a des relations avec le gouverneur ou avec un fonctionnaire de la police, il n'a qu'à leur confier l'affaire, et ceux-ci se chargeront de l'arranger, s'ils y trouvent du bénéfice.

Hier soir même, je fus témoin involontaire d'un de ces arrangements qui se concertait entre un propriétaire et un commissaire de police, pour faire décamper un locataire.

La scène se passait dans une salle d'un des cafés les plus fréquentés et les plus aristocratiques de Barcelone.

La forme de procédure est on ne peut plus expéditive.

Deux ou trois agents se présentent chez le débiteur supposé et lui ordonnent de payer séance tenante ce qui lui est réclamé.

S'il résiste, on n'écoute pas ses raisons, on l'empoigne, on le ligote fortement *coude contre coude* (expression espagnole consacrée) et on le mène comme un criminel au *gobierno civil*.

Là, s'il persiste à ne pas s'exécuter, on le met dans un cachot, où on lui administre une volée de coups de bâton ; après quoi, on l'envoie *de paso*, c'est-à-dire qu'on lui fait parcourir toute l'Espagne à pied, conduit par la gendarmerie de poste en poste et couchant la nuit dans les prisons.

Les gouverneurs se livrent à cet aimable jeu de la manière suivante : celui de Barcelone, par exemple, suppose que la personne qui le gêne lui est réclamée pour quelque crime par le gouverneur de Cadix ou de la Corogne, et il la lui expédie comme nous avons dit plus haut.

Le gouverneur de Cadix ou de la Corogne, à titre de réciprocité, envoie à son tour et sous le même prétexte l'homme gênant à un collègue de Séville, et ainsi de suite.

On en a envoyé *de paso* par milliers ; beaucoup de ces malheureux, victimes de l'arbitraire le plus atroce, ont péri à la suite de fatigues et des mauvais traitements endurés et cependant il n'y a pas d'exemple qu'on ai fait peser sur un seul gouverneur la responsabilité d'actes qu'aucune loi n'autorise et qu violent la constitution.

Il suffirait au gouverneur de dire, pour s

trouver déchargé de toute responsabilité, que celui auquel il a infligé cette peine cruelle était un homme dangereux pour l'ordre social. Mais on n'en vient jamais là, car le gouvernement ne s'occupe pas de ces *bagatelles*, pas plus que les députés.

Jamais, ou presque jamais, il n'est question de ces scandales aux Cortès.

Mais qui pourrait en parler et les blâmer, tous les partis ayant la même organisation et employant à leur tour les mêmes procédés?

Il ne convient à aucun d'eux que l'Europe civilisée connaisse ces pratiques barbares, et ils se taisent.

Pour détourner l'attention du pays, ils lui donnent souvent le spectacle de grandes discussions politiques dont nous avons parlé, et ils élèvent aux nues les excellences de *notre* parlementarisme.

Il sera sans doute très difficile aux lecteurs étrangers de ne pas croire que nous exagérons, et cependant nous pouvons leur garantir que nous avons, au contraire, beaucoup atténué.

Pour les en convaincre, nous leur citeron
quelques faits récents, qui sont parvenus à l
connaissance de toute l'Europe.

Le ministre de l'intérieur, M. Romero Ro
bledo, surprit, y a quelques mois, un jeun
homme dans son appartement.

Qu'allait-il y faire?

Était-ce pour voler?

Était-ce affaire d'amourette avec quelqu
servante?

On n'a jamais pu le savoir au juste.

Toujours est-il que cet individu ne deva
pas être un criminel bien féroce, puisqu'e
apercevant le ministre, sans armes et en bo
geoir à la main, il se précipita par une fenêt
dans la rue, où l'attendait, dit-on, un de s
amis. Tous les deux furent arrêtés.

Eh bien! à l'audience publique, les acc
sés se présentèrent presque mourants.

Ils déclarèrent qu'on les avait privés
nourriture, bâtonnés cruellement, enferm
dans des sacs pendant de longues heur
enfin qu'on leur avait infligé toute sorte
tourments pour leur faire avouer qu'ils étai

les exécuteurs de quelque conspiration contre le ministre.

Le tribunal écouta ces graves accusations sans s'émouvoir ; le parquet fit de même ; l'affaire en resta là, et l'une des malheureuses victimes, Ricardo Girado, mourut au bout de quelques jours, des suites de ces tortures renouvelées de l'Inquisition.

Voici le second fait : dans une plantation de l'île de Cuba, on châtia si horriblement une jeune négresse, qu'elle en mourut la nuit même. Après l'avoir cruellement fustigée, on lui avait passé une corde au cou et on l'avait traînée à travers les allées de la plantation jusqu'au cep, où on lui prit la tête. Or, cette pauvre négresse n'était pas esclave, car une loi datant de quelques années abolit l'esclavage et ne laisse subsister qu'une espèce de patronage temporaire, dans lequel l'application des peines corporelles est très formellement défendue.

L'enquête révéla que la plantation appartenait aux héritiers Zulueta, parmi lesquels figure la femme de M. Romero Robledo, le héros

de la scène précédente, et qu'elle était adm
nistrée par... le gouverneur civil de la Havan
M. le marquis d'Alta-Gracia!

Eh bien! comme le précédent aussi, c
crime affreux commis sur la personne de l
jeune Agueda, âgée de treize ans et épilej
tique, resta impuni (1).

Il y eut plus : le régisseur de la plantatioi
M. Zamora, eut l'audace de faire publier u
communiqué effronté dans lequel il assura
que, au mépris de la loi, les choses se pas
saient dans son domaine comme au *bon temp*
de l'esclavage ; que les nègres travaillaieı
vingt heures par jour, et que, pour les sti
muler et les empêcher de s'endormir, il
avait constamment de robustes et vaillant

(1) Après avoir écrit ces lignes, je lis dans les jou
naux que le tribunal de Colon (Cuba) a déclaré qu'
considère que les auteurs du meurtre ne se sont rendı
coupables que de *lesiones menos graves* (blessures dı
moins graves) et a, par conséquent, condamné les ex
cuteurs de l'attentat, c'est-à-dire ceux qui furent forcı
de manier le fouet, à QUATRE MOIS de prison. Voilà
beau résultat obtenu après avoir ému l'opinion pı
blique et interpellé le gouvernement aux Cortès, poı
exiger de lui le châtiment de ce crime!

capataces qui jouaient merveilleusement du *mocho* (fouet).

En vérité, le cas de la pauvre fille prouve éloquemment qu'ils en jouaient à merveille.

Pendant que nous transcrivons ce chapitre, un fait du même genre et non moins sanglant vient d'avoir lieu à quelques pas seulement de notre demeure, au beau milieu de Barcelone.

Un pauvre diable d'individu qui était bien tranquillement chez une femme, son amie ou sa parente, a été, vers deux ou trois heures du matin, arraché de son lit par des hommes du corps des *Mozos de la escuadra*, et, pendant qu'on le brutalisait pour lui faire descendre l'escalier — ce à quoi il ne résistait même pas — on lui tira un coup de revolver qui le tua raide.

Les *Mozos de la escuadra* sont un corps de gendarmerie spécial à la Catalogne.

Il avait été supprimé lors de la révolution de 1868, à cause de son histoire faite de sang et d'horreurs; mais il fut réorganisé par la restauration triomphante, pour la seule pro-

vince de Barcelone, sans doute parce que ce
fut de cette province que partit jadis l'initia-
tive de sa suppression.

Ce crime, inutile autant qu'odieux, qui
n'est que la millième reproduction de la procédure du corps des *Mozos*, s'est perpétré de
la manière suivante :

Quelque autorité officielle avait donné l'ordre *public* de capturer ce malheureux, avec
la consigne *réservée* de s'en débarrasser, —
car, hélas! pour le malheur et la honte de
notre pays, de tels ordres et de telles con-
signes ne sont pas rares — et le corps des
Mozos obéit toujours aveuglément aux consi-
gnes sanglantes!

Cet ordre et cette consigne donnés, deux
ou trois hommes dudit corps se sont présentés,
à l'heure convenue, au domicile où l'on sup-
posait que l'individu désigné se trouvait; ils
ont obligé les gens qui reposaient bien tranquillement à se lever et à leur ouvrir la porte,
et, rencontrant l'infortuné qu'ils traquaient,
ils lui ont intimé l'ordre de les suivre.

La fuite était une impossibilité et la résistance une folie. Mais on devait le *tuer* et on le tua dans l'escalier.

Pour légitimer cet assassinat, les *mozos* ont simplement dit au tribunal que leur prisonnier avait tenté de s'enfuir, ou qu'il leur avait opposé une résistance menaçante, ce qui les a mis dans la nécessité de faire usage de leurs armes. Et... l'on enterre la victime, et tout est dit.

Dans le cas que nous venons de rapporter, ainsi que dans bien d'autres où les mêmes procédés ont été employés, l'horreur du fait est encore augmentée de la circonstance que les homicides ont fait erreur, qu'ils se sont trompés de personne.

Celui qu'ils avaient l'ordre *public* d'arrêter et la consigne *réservée* de tuer était une personne nommée Valls, industriel d'une petite ville de la province de Barcelone, que l'on avait intérêt à faire *disparaître*, non pas pour cause de délits ou de fourberies qu'il avait commis sans doute, mais par suite de la haine qu'il s'était acquise dans ses relations avec la police, tandis que le malheureux assassiné fut reconnu pour être un pauvre marchand de vins qui, sans aucun doute, ne connaissait l'autre ni de vue ni de nom.

Malgré tout cela, malgré l'erreur commise... le mort a été enterré, et *Aqui paz y despues gloria!* (1).

Quand nous parlerons des bandits de l'Andalousie, nous verrons que ce système de procédure sommaire n'est pas exclusif aux seuls *mozos de la escuadra*. C'est d'une manière semblable, on ne sait encore si c'est sans erreur de personnes, que les autorités et la gendarmerie andalouses ont, un de ces jours, donné leur compte à Melgarès, Frasco Antonio et quelques autres bandits célèbres.

Par ce que nous venons de dire, on peut juger du régime auquel sont soumises les provinces espagnoles.

Plus loin nous continuerons le même examen, en étudiant les gouverneurs civils comme agents politiques du gouvernement,

(1) Ici paix et gloire après.

et nous nous occuperons ensuite des autres employés et des politiciens actifs, qui forment dans leur ensemble la miniature des partis madrilènes en province.

VIII

LES DEUX FACES DE NOTRE PARLEMENTARISME

De la haine de l'absolutisme, de cette passion vraiment nationale et populaire que nous avons constatée dans un de nos précédents chapitres, découle pour tous les gouvernements la nécessité de se donner comme scrupuleusement constitutionnels et parlementaires. Mais, tous les gouvernements étant issus de partis et de coteries politiques sans racines dans le pays, qui leur est indifférent ou même hostile, comment ces gouvernements réussissent-ils à faire du parlementarisme ?

Ici nous retrouvons encore la ressource des deux faces : l'apparente et la réelle.

Pour la splendeur de la face apparente, nos sages politiciens ont élaboré des lois électorales des plus scientifiques, comme base du régime parlementaire.

L'élection des députés aux Cortès se fait par petites circonscriptions dans les districts ruraux, et par grandes circonscriptions dans les villes où a lieu la désignation par liste.

Dans les grandes circonscriptions, la loi établit la représentation des minorités, chaque électeur ne votant que la majorité des noms portés sur la liste.

Pour comble de combinaisons scientifiques, nous avons encore les députés par accumulation; c'est-à-dire que le candidat qui obtient un certain nombre de voix dans les diverses petites circonscriptions de tout le pays devient député et occupe sa place avec une grande autorité théorique.

Quant aux lois électorales des conseils généraux et municipaux, elles sont aussi environnées de tout l'appareil scientifique.

En parlant des lois électorales, nous entendons celles qui nous régissent en ce moment précis, car il ne faut pas oublier que nous changeons de lois à chaque changement de gouvernement. Par exemple, si le droit de suffrage est aujourd'hui restreint aux contribuables et aux personnes munies d'un brevet de capacité, sous d'autres régimes, et surtout pendant la période révolutionnaire, de 1868 à 1874, nous eûmes le suffrage universel.

Toujours pour la splendeur de la face apparente, nous avons aussi une foule de prescriptions protectrices de la liberté du vote.

Les limitations imposées au gouvernement et à ses agents sont innombrables.

Les crimes et délits électoraux prévus suffisent à prévenir ou châtier tous les abus.

Pour toute personne qui étudierait notre état politique et social sur les livres et dans le silence du cabinet, nous sommes assurément une des nations les mieux régies de l'Europe, en ce qui concerne la base fondamentale du système représentatif.

Mais quelle énorme différence entre la face apparente et la face réelle ! Quel contraste entre les prescriptions légales et les faits !

Sans les grands malheurs qu'elles occasionnent au pays, nos élections seraient un des spectacles politiques les plus comiques qu'on puisse observer en Europe.

En fait, nous n'avons qu'une méchante parodie d'élections.

Listes d'électeurs, urnes, dépouillement, tout est falsifié. Toute élection en Espagne n'est qu'une farce digne d'être mise en musique par Offenbach ou Suppé.

Ce n'est plus, comme on le voit dans la plupart des autres pays, l'influence morale des gouvernements qui se fait sentir avec plus ou moins d'intensité; ce ne sont plus les petits larcins et les peccadilles électorales que les oppositions reprochent avec tant d'aigreur aux ministres : ce sont là des péchés mignons qui font pitié à nos joueurs de gobelets politiques.

Chez nous, c'est la farce dans toute sa nudité, une farce complète, spéciale et exclusive des élections espagnoles.

Que le suffrage soit universel ou qu'il soit restreint, il n'y a jamais qu'un seul et unique électeur : le ministre de l'intérieur ou de la *gobernacion*.

Celui-ci, avec ses gouverneurs des provinces et l'armée innombrable des employés publics de toute sorte, sans en exclure les hauts dignitaires de la magistrature et de l'Université, prépare, exécute et consomme les élections de toute sorte du fond de son cabinet, situé au centre de Madrid.

Pour confectionner les listes d'électeurs, on met quelques noms réels noyés dans une multitude de noms imaginaires et surtout de noms de *défunts*.

La représentation de ces derniers est toujours assurée par des agents subalternes, qui se travestissent en civils pour l'opération du vote.

L'auteur de ces lignes a vu à diverses reprises comment son père, quoique mort depuis plusieurs années, était allé déposer son vote dans l'urne, sous la figure d'un balayeur public ou d'un limier de police, paré pour l'occasion de vêtements d'emprunt.

Les membres des bureaux des collèges électoraux assistent souvent à de semblables transmigrations des âmes de leurs proches parents.

On a vu des listes électorales sur lesquelles figurait à peine le dixième du chiffre des électeurs, et encore la plupart des noms inscrits étaient-ils imaginaires ou appartenaient-ils à des défunts.

Ce système d'élections par la résurrection des morts et par les agents de police travestis en électeurs n'est pourtant pas le pire des moyens employés pour fausser le suffrage par nos soi-disant défenseurs du parlementarisme et du système représentatif.

Hâtons-nous de dire que, le plus souvent, on ne s'arrête pas à ces semblants de respect humain, et qu'on grossit purement et simplement le chiffre des voix émises jusqu'à assurer l'élection du candidat agréable.

Sur ce terrain, on dépasse souvent les bornes du grotesque et de l'invraisemblable.

Pour en donner une faible idée aux lecteurs étrangers, nous citerons le fait d'un général de brigade, candidat ministériel pour le district de Berga, qui obtint plus d'*un million et demi* de voix, quoique le district ne compte que quelques milliers d'habitants.

Les deux compétiteurs avaient chacun les moyens de faire mousser les voix dans les collèges électoraux qui leur étaient dévoués, et la victoire resta au plus audacieusement effronté.

L'adversaire du général fut écrasé sous le coup du million, et le vainqueur se présenta très sérieusement au Congrès, qui, tout naturellement, valida son élection.

Et qu'on n'aille pas croire que ce soit là un fait extraordinaire.

Dans le cas présent, l'unique chose extraordinaire est l'exagération du chiffre. Le fait en lui-même est si ordinaire, qu'il se reproduit à *toutes* les élections, sans exception aucune.

Ces escamotages sont employés tour à tour simultanément par tous les partis et toutes les coteries politiques.

Sans cela, nos politiciens de toutes les couleurs laisseraient trop voir qu'ils n'ont pas de racines dans le pays; car, même dans les élections les plus acharnées, leurs députés seraient élus par quelques douzaines ou tout au plus par quelques centaines de voix.

Et les menées jusqu'ici indiquées ne sont encore que les *peccata minuta* de la face réelle de nos politiciens dans la question électorale.

Ces fourberies grotesques constituent une maladie chronique de notre parlementarisme ; mais depuis quelque temps la maladie a pris des formes aiguës.

En vertu de cette loi d'incohérence ou du *vice-versâ*, comme nous l'appelons ici, qui caractérise la politique espagnole contemporaine, les derniers restes de la légalité et de la pudeur électorales furent détruits précisément par le parti de M. Sagasta, qui a la prétention de représenter la nuance la plus libérale des monarchistes.

Les élections que cet homme politique a dirigées, soit comme ministre de l'intérieur, soit comme chef du cabinet, ont été l'assemblage le plus bizarre et le plus odieux à la fois de scènes toujours grotesques et souvent tragiques.

A ce parti *libéral* appartient sans contredit l'invention de la *partida de la porra* (la bande de la trique), qui ensanglanta les rues de bon nombre de villes qui osèrent opposer quelque résistance à la volonté des meneurs d'élections.

La *partida de la porra* tranchait toutes les difficultés en jouant de la trique ou du couteau, voire du fusil ou du revolver.

Dès lors, le grotesque arriva à ce point qu'on installa des collèges électoraux dans le local du cercle appartenant au parti dominant, local dont l'entrée était interdite à tous ceux qui ne faisaient pas partie du cercle.

D'autres fois, l'urne était placée à l'étage supérieur d'une maison dont la porte était solidement fermée ; les électeurs entraient par la fenêtre, à l'aide d'une échelle dont on ne permettait l'accès qu'aux amis.

C'est de cette époque aussi que date l'usage des urnes à double fond ; ce qui a suggéré à l'auteur du dernier projet de loi électorale l'idée de faire des urnes en cristal transparent, pour démontrer sans doute qu'il n'avait pas besoin de recourir à des moyens aussi grossiers (1).

Nous avons vu souvent aussi les collèges électoraux occupés par la force publique munie de ses ambulances, comme à la veille d'une bataille, et les troupes allant voter par compagnies, sous la conduite de leurs chefs.

Plus d'une fois les urnes ont été séquestrées par la police avant le dépouillement et transportées chez le gouverneur, pour en tirer un scrutin favorable au candidat ministériel, qui se trouvait transformé du coup en député *Lazare*, nom consacré, dans l'argot politique, aux ressuscités, comme le Lazare de la Bible.

Nous n'en finirions pas si nous voulions énumérer toutes les fraudes employées chez nous pour faire parler le suffrage universel ou restreint au gré du pouvoir.

Tout le monde les connaît, tous les partis s'en servent, et l'opinion publique, écœurée et assoupie, ne s'en émeut pas autrement.

(1) Projet élaboré par le ministère Canovas-Romero Robledo, mais qui n'est pas encore sorti de l'état de projet.

Nous dirons seulement, comme synthèse de nos élections, que les députés se font purement et simplement au ministère de l'intérieur, et que les autres actes de la comédie électorale sont uniquement destinés à jeter de la poudre aux yeux des peuples étrangers et de quelques rares Espagnols naïfs, qui ont encore la bonhomie de prendre la chose au sérieux.

Nous avons vu que c'est le ministère qui fait les députés ministériels; mais, comme un gouvernement ne peut pas se passer d'opposition, c'est encore lui qui désigne les candidats des minorités auxquels il peut accorder une place.

Nous retrouvons ici une preuve de l'existence de cette société de secours mutuels dont nous parlions dans un des articles précédents.

Dans les Cortès actuelles, tous les députés de l'opposition, sans en excepter MM. Sagasta, Martos et Castelar lui-même, ne sont pas les représentants des électeurs, mais les créatures du ministre, élus par les agents de police et les balayeurs publics travestis, votant au nom de morts transmigrés et de centaines ou de milliers d'électeurs imaginaires.

Et qu'on n'aille pas croire que ces artifices se trament en secret. Loin de là : nos politiciens sont si dénués de pudeur, que, surtout en province, à l'approche des élections, nous savons d'avance quels sont les représentants de la majorité et ceux de la minorité.

Dans la plupart des districts, spécialement dans les districts ruraux, les candidats sont parfaitement inconnus et n'ont pas le moindre intérêt dans la contrée.

On donne à ces représentants un nom éminemment espagnol, intraduisible dans tout autre langue : on les appelle *cuneros*, c'est-à-dire enfants trouvés, et le *cunerismo* est un des fléaux de notre soi-disant parlementarisme.

Notre comédie électorale, en résumé, ne respecte absolument rien.

Rien n'est sacré pour elle : listes électorales, urnes, scrutin, tout est falsifié par nos politiciens, sous la direction immédiate dans chaque province, du gouverneur civil.

Or, nous nous le demandons, l'existence du système parlementaire, ou simplement du système représentatif, est-elle possible sur de telles bases?

Les conséquences de cet état de choses sont on ne peut plus fatales à la moralité publique.

Un exemple suffira pour en montrer toute la portée.

Nous avons dit ailleurs que l'Espagne n'est plus le pays classique des *manolas*, des muletiers et des moines graisseux; mais nous sommes forcé de faire une réserve pour le brigandage, qui, quoique moins répandu qu'il ne l'était naguère, vit encore et se perpétue dans certaines contrées, à l'ombre protectrice de notre immoralité politique et administrative.

On s'occupait beaucoup, ces temps-ci, du bandit Melgares et de sa bande, qui avaient choisi pour théâtre de leurs exploits les provinces de Malaga et de Grenade, et qui, tout récemment, avaient tué ou grièvement blessé quatre ou cinq gendarmes.

Melgares comptait de puissants protecteurs, non seulement dans les provinces où il exerce

son industrie, mais encore dans la capitale
même de la nation. Il passait son temps à Malaga et à Grenade, d'où il dirigeait ses opérations, et ne craignait pas d'aller souvent à Madrid, où il fréquentait les lieux publics et était
reçu même par des personnages officiels. Il
envoyait à la capitale une redevance mensuelle
de deux mille cinq cents francs pour obtenir
l'impunité des vols, séquestres et meurtres dont
lui et sa bande se rendaient tous les jours coupables. On ne dit pas à haute voix les noms de
ceux qui se partageaient cette *prime d'assurance*, mais on peut bien les supposer, d'après
les renseignements que nous avons donnés sur
l'organisation du tripotage. Melgares rétri-
buait, en outre, largement l'armée bien organisée des complices, agents, recéleurs, etc.,
qu'il possédait dans les deux provinces.

On a observé que la gendarmerie ne visitait
les localités où opérait la bande que longtemps
après que celle-ci avait décampé ; et si quelquefois un officier trop zélé s'opiniâtrait sérieusement à mettre la main sur les bandits,
il ne tardait pas à être changé de poste.

Enfin, et comme complément de tous ces renseignements, on ajoute que Melgarès et tous les autres bandits de l'Andalousie étaient des agents électoraux très actifs.

A l'époque des élections, ils ne manquaient jamais de *recommander* aux électeurs certains candidats, qui étaient ordinairement ceux du gouvernement.

Tous ces détails et d'autres tout aussi significatifs ont été publiés par la presse espagnole. Nous possédons, quant à nous, des renseignements très curieux et très instructifs, émanés de témoins oculaires et absolument dignes de foi.

Voici, entre autres, une anecdote bien caractéristique et parfaitement véridique, d'ailleurs :

Dernièrement, une commission chargée d'aller distribuer des secours aux sinistrés des tremblements de terre de l'Andalousie, désirant mettre les fonds qu'elle portait à l'abri d'un coup de main et ayant peu de confiance dans la surveillance des autorités, imagina de se placer sous la protection directe des bandits eux-mêmes. A cet effet, la commission, après informations prises, alla rendre visite à une *dame* de Velez-Malaga, fille de Melgares, et lui exposa son cas.

La fille du bandit reçut ces messieurs avec la plus aimable politesse et leur donna l'assurance que son digne homme de père et ses fidèles collaborateurs se feraient un scrupule de toucher à l'argent des pauvres; la commission pouvait donc vaquer sans aucune crainte à ses affaires.

Là-dessus, ces messieurs prirent congé, après avoir cérémonieusement échangé leurs cartes avec la dame; et, en effet, ils ne furent nullement inquiétés, quoiqu'on les sût porteurs de sommes considérables.

Quelques jours après, pendant qu'ils distribuaient des secours dans un petit village ruiné, on leur annonça la visite d'un inconnu.

Cet inconnu n'était autre que Melgares lui-même, qui, comme un véritable *caballero*, venait rendre leur visite à ces messieurs et leur faire ses offres de service.

Or la commission reçut avec surprise cette étrange visite dans la maison d'une des autorités du village et non loin de la brigade de gendarmerie, qui ne reconnut pas le bandit, ou feignit ne pas le reconnaître.

Melgares, comme tous les bandits andalous, nous offre encore le type légendaire et classique de Diego Corrientes et de José Maria.

Quoiqu'il ne fût plus jeune, il conservait une belle prestance et savait prendre tous les travestissements, depuis les plus misérables jusqu'aux plus riches.

C'était un tireur de première force et un excellent cavalier, qui dépouillait les riches sans pitié et avait toujours la main ouverte pour les pauvres.

Son second, Bizco del Borge, était cruel et sanguinaire à l'excès.

La légende populaire raconte qu'il arracha de ses mains le cœur de son propre père et le présenta à son maître, comme un gage de son aveugle et barbare fidélité.

Ces actes de cruauté inouïe d'un côté, et d'un autre la protection donnée aux pauvres, ainsi que les marques ostensibles de dévotion à la Madone, rendent les bandits populaires dans une contrée où toutes les terres sont accaparées par les grands seigneurs résidant à Madrid, et où la masse de la population manque de tous les éléments indispensables à la vie, pourtant bien frugale, qu'on mène dans les campagnes de l'Andalousie.

Le brigandage est donc en quelque sorte une des manifestations de la question sociale, toujours vivante dans le sud de l'Espagne; question qui prend des formes en rapport avec l'ignorance profonde, la superstition et l'excès d'imagination des paysans de ces contrées.

Néanmoins, le métier de brigand est devenu moins productif de nos jours, car nous voyons ceux qui l'exercent se procurer des ressources complémentaires par la contrebande.

Cette ressource leur permet d'attendre et de préparer avec soin les séquestres, les vols et les assassinats.

Pour leurs entreprises en gros, les dissensions politiques et les grands désastres publics sont de précieux auxiliaires.

Dans notre pays, les gouvernements ont l'habitude de concentrer toute la force publique dans les villes à la moindre alerte, et ils abandonnent les campagnes aux pillards maraudeurs et contrebandiers.

Ainsi, ces derniers, à la suite de l'agitation produite par le conflit avec l'Allemagne, la gendarmerie et les douaniers ayant été concentrés dans les grandes villes, quelques bandes se sont présentées, que le gouvernement a qualifiées de républicaines, et qui, au fond, n'étaient autres que des bandes de contrebandiers qui profitaient des circonstances pour inonder l'Andalousie des produits étrangers accumulés à Gibraltar.

Melgarès possédait au début de cette année quelques centaines de mille francs en propriétés placés sur la tête de sa fille et d'autres membres de sa famille, et, comme nous l'avons vu, il jouissait d'assez d'influence pour faire des députés. Tout cela ne dépeint-il pas sous de bien vives couleurs notre état politique et le faux parlementarisme de nos partis militants?

IX

BANDITS ET ÉLECTIONS

Ce chapitre ne sera que le complément du précédent, puisque nous continuons à nous occuper des bandits et des élections.

A tout seigneur, tout honneur !

Dépêchons d'abord messieurs les bandits.

Il y a quelques jours, les journaux nous annoncèrent que Melgares avait été trouvé mort dans la campagne ; et, quelques jours plus tard, ces mêmes journaux nous firent savoir que Frasco Antonio, l'un de ses lieutenants, avait, après une résistance terrible, été tué par la gendarmerie (guardia civil). Comme en Espagne, on doit toujours et en tout soupçonner un mystère, nous flairâmes quelque secrète relation dans cette double nouvelle, et nous profitâmes d'une occasion qui se présenta pour obtenir des données populaires et véridiques sur l'incident. Nous obtînmes ainsi les détails suivants qui nous furent envoyés de Velez-Malaga, le pays même du célèbre brigand.

Nous transcrivons littéralement :

« Quant à Melgares, nous écrivait-on, on croit ici qu'il est mort et toute sa famille a pris le deuil. Sa femme, doña (sic) Josefa, qui réside à Velez même depuis déjà trois ans, témoigne publiquement une profonde tristesse, et sa fille, Maria, mariée avec le fils de Sébastian Gloria, qui demeure dans la maison paternelle, à l'Algarrobo (petite ville près de Velez-Malaga) paraît, ainsi que son mari, très affectée.

« Beaucoup de gens ne veulent pas croire qu'on ait tué Melgares, car tout le monde craignait sa bravoure et respectait ses exploits ; mais on pense qu'il a été assassiné traîtreusement, par derrière, par Frasco Autonio, qui faisait partie de sa bande depuis quatre ou cinq ans.

« Ce bandit (Frasco Antonio) avait un frère curé à Malaga. Le gouverneur civil et un sieur Antonio M. G. s'abouchèrent avec ce prêtre, et ils lui proposèrent l'*indulto* pour son frère et une gratification de quatre mille piastres (20,000 francs) si celui-ci faisait disparaître Melgares. La somme susdite de 20,000 francs serait remise au meurtrier en la demeure d'un frère du précité M. Antonio M. G., nommé Miguel et habitant Velez-Malaga où Frasco Antonio pouvait se rendre à cet effet.

« La proposition lui ayant plu, Frasco Antonio, grâce à la confiance que Melgares avait en lui, profita d'un moment favorable et le tua, à bout portant, d'un coup de fusil. Mais, lorsqu'il se présenta chez M. G. pour y toucher le prix de son infamie, au lieu de l'argent, il trouva un sous-officier et deux soldats de la gendarmerie qui le tuèrent à son tour, ainsi qu'un de ses collègues surnommé El Verte-dor qui l'accompagnait.

« La mort de Melgares est regrettée par

nombre de personnes de cette contrée. Incontestablement, c'était un bandit; mais il se comportait en généreux et ami des pauvres. Sa mort fut une trahison infâme, combinée par tous ceux qui jouèrent un rôle dans l'affaire. »

Ainsi s'exprimait cette lettre, qui reflète fidèlement l'opinion populaire sur les bandits de l'Andalousie.

Pour nous, nous sommes enclins à croire à 'exactitude des détails transmis, car, lorsque les bandits arrivent à créer des embarras aux autorités, il est assez d'usage d'employer tous les moyens pour s'en défaire.

Et ce que nous avançons, en thèse générale, se voit complètement confirmé par un livre qui, à cause de la position de son auteur et de la netteté de ses révélations, acquit une certaine célébrité. Nous voulons parler de l'ouvrage intitulé : *El Bandolerismo* (le brigandage), par M. Zugasti, ex-gouverneur civil de diverses provinces andalouses, qui arriva à une certaine notoriété par les moyens plus qu'expéditifs qu'il employa pour faire la guerre aux bandits; moyens qui n'atteignirent pas entièrement leur but, puisque, ainsi que nous venons de le voir, l'extinction du brigandage ne s'ensuivit pas, car Melgares et bien d'autres ont donné depuis des signes non équivoques de vitalité.

Il y a encore une chose plus curieuse dans toute cette affaire.

Après tout ce que nous venons de relater, on doute encore de la réalité de la mort de Melgares, et il ne manque pas de gens qui croient volontiers aujourd'hui que toute cette histoire n'est qu'une farce, que le bandit vit et qu'il jouit d'une parfaite santé.

Comme se faisant l'écho de cette croyance, un député a interpellé le ministre, aux Cortès, en lui demandant si la mort de Melgares était un fait accompli ou un canard ; et le ministre, pour toute réponse, a seulement su dire qu'il n'en savait rien, et que si, personnellement, il croyait au trépas du brigand, il ne serait pas surpris, cependant, qu'il fût encore en vie.

Si le ministre ne le sait pas, nous devons le savoir moins encore ; et il ne serait pas autrement surprenant que, dans quelques années ou même dans quelques mois, l'on vînt à retrouver Melgares occupant une place dans quelque bureau ou quelque administration de l'État.

Une telle chose, pour choquante qu'elle puisse paraître, ne serait pas une nouveauté.

Ce ne serait qu'une seconde édition de l'histoire d'un autre bandit, prédécesseur de Melgares, qui, après avoir été donné comme mort et enterré, fut retrouvé titulaire d'un emploi bureaucratique et émargeant religieusement un traitement annuel.

Tous ces détails peuvent donner une idée exacte de la situation morale dans laquelle on a plongé notre pays; et ils sont bien édifiants.

Mais, puisque nous avons accouplé dans les mêmes chapitres le brigandage et les élections, retournons à cette autre efflorescence de notre bien-être.

Pour en donner une idée plus précise, nous sommes tenté de faire la description d'une élection imaginaire, mais véridique cependant, puisque nous en emprunterons tous les détails à la réalité.

La description ne pourra être bien complète, car pour cela un volume spécial à peine nous suffirait, mais nous tâcherons d'en tracer les lignes les plus saillantes.

Supposons un avocat sans cause ou un médecin sans clientèle — les deux types abondent en Espagne et encombrent les bancs du Congrès — qui se sent poindre le désir de faire sa carrière dans la politique, et qui, pour la commencer, veut se faire élire député.

S'il est Catalan ou Basque, par exemple, il doit, pour le choix d'un district, fixer ses regards sur l'autre extrémité de l'Espagne et donner la préférence, en Estramadure ou en Andalousie, à une contrée qu'il n'ait jamais visitée, même comme touriste. Aussitôt cela fait, si les élections sont prochaines et qu'il appartienne : soit au parti du gouvernement, soit à quelque parti opposant, mais protégé par le gouvernement, il doit se rendre..... non pas dans le district qu'il aspire à représenter, mais bien à Madrid, au ministère de l'intérieur.

Supposons que M. le ministre lui accorde la grâce bienveillante de son appui.

Dès ce moment, il a la certitude de devenir député, et il peut commencer à agir comme tel.

L'affaire sera ordinairement fort simple.

Quelques jours avant les élections, M. le ministre avisera, par télégramme, le gouverneur civil de la province, que Monsieur un tel est son candidat officiel.

Le gouverneur appellera les maires de la circonscription électorale visée à son cabinet, transmettra l'avis ministériel.

S'il n'y a pas de mouvement, de concurrence dans le district, ces simples indications suffiront.

Chaque maire, le jour du scrutin, en enverra le compte rendu au gouvernement, avec indication de quelques centaines de voix, ou même avec le nombre en blanc — ce qui est le plus commun encore, — et notre homme aura la représentation législative officielle d'une contrée à lui inconnue, où il n'aura jamais mis les pieds, et il deviendra un député, un élu de la nation !

C'est l'histoire la plus commune, et la plupart des députés, depuis bien des années, ne représentent en réalité pas plus les électeurs que le héros imaginaire que nous venons de présenter au lecteur.

Maintenant, supposons que le gouverneur trouve chez les maires quelque esprit de résistance, ou que ceux-ci éprouvent quelque mouvement électoral contrariant dans le cercle de leur juridiction.

L'histoire alors devient plus intéressante et plus accidentée.

S'il se produit quelque résistance chez les maires, c'est au gouverneur civil qu'il appartient de la faire cesser, ou de la vaincre, avec l'aide constante du ministre.

On commence par exhorter le maire, et s'il résiste, on le menace; enfin, s'il ne se rend pas séance tenante, c'est l'occasion d'agir, et l'on agit sans perte de temps.

Le gouverneur civil, en vrai pacha, désigne une personne de sa confiance, ennemi bien avéré du pauvre maire, et il l'envoie examiner, vérifier, contrôler toute l'administration municipale du malheureux récalcitrant.

Que l'administration soit en règle ou non, cela est indifférent.

Le lendemain même, le pauvre maire, ainsi que tous ses collègues de même nuance, est l'objet d'un procès pour délit de droit commun, et la première mesure du pouvoir judiciaire, — de ce pouvoir que nos politiciens vantent toujours comme absolument indépendant et intègre, — est la suspension du magistrat, représentant élu du peuple, au dire des politiciens.

La suspension ordonnée, on lui substitue une créature du gouverneur; et pendant que le « suspendu » essaie de se tirer d'affaire et qu'il dépense son temps, son argent et sa patience, le « remplaçant » fait les élections au gré du gouvernement.

De ces procès électoraux, nous pourrions citer des exemples dignes d'être mis en vaudevilles ou assaisonnés en opéras-bouffes.

Un de nos amis, premier adjoint au maire d'une ville importante, fut prévenu d'escroquerie pour avoir fait enlever des ordures d'un champ qui bordait une route municipale.

L'agent du gouverneur obligea le propriétaire du champ à déposer une plainte, et le juge — intègre et indépendant comme presque tous ses collègues — ordonna sérieusement les poursuites, et il commença par exiger de l'accusé une caution de quelques milliers de francs

Par une véritable chance, ce grand criminel ne fut pas préalablement fourré en prison, et il put s'estimer heureux de s'en tirer, en fin de compte, au bout de six ou huit mois d'ennuis, par une simple perte de temps et d'argent.

Qu'on n'aille pas croire que cette mesure de dépôts d'énormes cautions soit règle générale dans les procès.

C'est tout le contraire.

Ainsi un criminel vulgaire, de droit commun, un voleur, un escroqueur est ordinairement mis en liberté sous caution de quelques centaines de francs seulement, souvent même sous caution verbale de n'importe quelle personne patentée qui veuille bien répondre de la minime somme fixée. Dans la pratique déjà longue de notre profession d'avocat, nous avons vu bien des criminels, laissés en liberté provisoire, moyennant une caution personnelle de cinq cents francs, par ce même tribunal qui exigea une caution de cinq ou de dix mille francs d'un homme accusé d'un délit aussi ridicule que celui qui provoqua le procès que nous venons de citer.

C'est que l'intégrité et l'indépendance du pouvoir judiciaire forment aussi partie des topiques ou lieux communs conventionnels de la face apparente de nos politiciens de toutes nuances.

Par tout ce que nous venons d'indiquer, l'on voit bien que la résistance que peuvent opposer les maires à la volonté souveraine des gouverneurs et du ministre est très expéditivement vaincue.

Quand la résistance provient d'un mouvement quelconque de l'opinion — ce qui est bien rare — ou de la lutte d'intérêt des personnages influents — ce qui l'est bien moins — alors la comédie se complique, et presque toujours elle arrive à dégénérer en tragédie.

Dans tous les cas, l'on a commencé par l'arrangement des listes d'électeurs, sans le moindre souci de la réalité.

Chaque personnage influent en concurrence dispose, supposons-nous, de telle ville ou tel village de son collège électoral, cela lui suffit : il tirera de cette ville, ou bien de ce village, autant de voix qu'il lui en faut.

Il n'est pas extraordinaire, dans un collège où se trouvent, par exemple, plusieurs grandes villes de 30,000 âmes chacune, de voir leur influence, et partant le résultat, contrebalancés par un village presque ignoré, de quelques centaines — voire même de quelques douzaines d'habitants.

Le personnage influent obtient qu'on lui remette le procès-verbal de l'élection, avec le nombre de voix en blanc, et il le remplit à son gré et suivant besoin : s'il lui faut cent voix, il en inscrit cent ; s'il lui en faut mille ou deux mille, il en écrit mille ou deux mille tout aussi naturellement et sans s'émouvoir.

Quand cette concurrence se produit entre des personnages également influents, la scène comique commence par la confection des listes et se continue jusqu'à la validation de l'élection par le Congrès.

Dans les collèges dont le bureau est exclusivement à la dévotion de l'un des candidats, sans intervention de l'autre, il est de mise que l'on commence par falsifier l'heure.

Si, par exemple, l'heure de l'ouverture du vote est neuf heures du matin, on avance tout simplement la pendule d'un couple d'heures, et quand les premiers électeurs se présentent croyant avoir encore une demi-heure devant eux, il se trouve qu'ils sont d'une heure et demie en retard et que l'urne est déjà à moitié pleine.

Personne naturellement n'est entré dans la salle de vote, sauf les membres du bureau, ce qui n'empêche pas que les bulletins mis dans l'urne se chiffrent déjà par centaines ou par milliers, suivant l'importance ou la nécessité du cas.

Bien souvent on met dans l'urne les bulletins de vote par paquets, tels qu'ils sont sortis de chez l'imprimeur. Point n'est la peine de se donner le travail de rompre la ficelle qui les lie ni de les éparpiller.

Pendant la votation, les agents électoraux de l'un et de l'autre des personnages influents ne reposent pas.

Courant constamment d'un point à un autre, ils se donnent un mouvement de navette des plus comiques.

En voiture, souvent en carriole, parfois à dos de mulet, on voit l'agent directeur, accompagné d'un notaire, d'un juge à sa dévotion et des agents subalternes nécessaires ou utiles.

Souvent cette caravane est escortée par la gendarmerie ou par quelque autre escouade de la force publique qui, naturellement, a été mise à cet effet aux ordres dudit agent. S'il n'y a pas de force publique dans l'endroit, l'agent, alors, se fait accompagner par des amis dévoués ou salariés, armés jusqu'aux dents, ce qui leur donne l'allure de véritables *bravi* d'Italie au moyen âge.

Et tous ces éléments jouent à la volonté de l'agent : le notaire formule des protestations;

le juge, intègre et indépendant, commence
des enquêtes et ordonne l'incarcération de
toute personne embarrassante gênant la ma-
nœuvre de son patron ; et la force publique
ou les *bravi* exécutent les ordres qui leur sont
donnés : soit pour conduire en prison les victimes des procès, soit pour s'interposer d'une
manière plus expéditive par les armes.

Inutile d'ajouter que, lorsqu'il y a de la concurrence, ce jeu se joue en partie double, car
chacun des candidats s'organise et s'arrange
à sa façon dans le district à sa dévotion.

Ainsi, pendant que, dans une partie du
district, les partisans de l'un sont bâtonnés
mis en prison, poursuivis, etc., dans une
autre partie, ce sont les partisans contraires
qui subissent le même sort.

C'est un mauvais procédé.

Au demeurant, ils sont tous quittes.

Les élections passées, tout est oublié ; et
s'il y a quelque procès pendant, il ne résulte
jamais de condamnation pour n'importe quel
directeur de la farce.

Seul quelque pauvre innocent, qui a pris

la chose trop au sérieux, va expier en prison — et parfois au bagne — les fautes qu'il n'a pas commises.

C'est un complément d'action qui sert à merveille aux politiciens, pour la *face apparente* du jeu des élections.

Mais, toutes ces menées bizarres ne constituent pas le fond même des élections.

Ce fond se trouve toujours dans le cabinet de M. le Gouverneur, laquel, en fin de compte, déclare élu le candidat agréable à son maître, le ministre.

L'opération finale, soit l'approbation du dépouillement du scrutin est l'unique opération essentielle de la phase électorale.

Quand il n'y a qu'un candidat acceptable pour le parti dominant, la chose est très simple. On le proclame élu, et on lui en donne acte.

Quand il y a deux candidats acceptables ou plus — le cas est rare — c'est toujours celui qui a fait preuve de plus d'effronterie et qui a employé les moyens les plus violents qui est sûr de remporter la victoire.

Mais le cas le plus comique, et le plus tragique parfois, des élections mode espagnole se présente quand il y a un certain mouvement politique dans le district, c'est-à-dire quand de véritables électeurs prennent la chose au sérieux.

En vérité, le cas ne se présente pas communément, et quand il se présente, c'est ordinairement dans quelque grande ville.

Dans ce cas on a recours à des moyens invraisemblables.

On emploie l'armée de terre et de mer, la gendarmerie, la police, les sergents de ville, etc., etc.

Si la loi le permet, toutes ces forces vont, dirigées par leurs officiers, voter d'une manière correcte pour le candidat officiel.

Si la loi ne leur permet pas le vote, alors on les déguise en paysans, et ils vont aux urnes déposer les bulletins des morts et des électeurs imaginaires.

Quand 'a chose paraît nécessaire, les abords des endroits où l'on vote sont occupés militairement, et on ne laisse alors passer que les amis.

Le final est toujours le même.

M. le Gouverneur, secondé par M. le Juge et par MM. les maires, proclame élu le candidat que le ministre a désigné, a nommé d'avance.

Tels sont les traits les plus saillants des élections espagnoles.

Tel est ce parlementarisme dont nos politiciens osent se vanter devant les nations étrangères.

Nos assemblées sont ce qu'elles doivent être : la réunion d'employés, de salariés du ministère, et, partant, de serviteurs qui lui obéissent aveuglément.

Le pays, le pauvre pays ne trouve pas moyen de faire entendre sa voix.

Officiellement son représentant est celui qui, désigné par le ministre, a joué cette pasquinade que nous avons essayé, quoique légèrement, de décrire dans ces chapitres.

X

L'ARMÉE ET LA MARINE DE GUERRE

Si nous tournons nos regards du côté de l'armée, nous y voyons l'immoralité, élevée à la hauteur d'institution légale, présider à toutes les opérations de son recrutement et de son organisation.

Notre armée n'est pas formée d'après le système allemand, parce qu'elle n'est pas basée sur le service général de l'instruction militaire obligatoire, ni d'après le système anglais du volontariat, ni d'après l'ancien système de recrutement par le tirage au sort.

On a fait un pêle-mêle des inconvénients et des injustices criantes de tous les systèmes :

pêle-mêle qui donne comme résultat une armée composée exclusivement des jeunes gens les plus misérables du pays, mais qui, par contre, fournit aux gouvernements ce qu'ils désirent : des exemptions de service s'élevant chaque année à plusieurs millions.

Disons encore quelques mots sur cette matière, car le système actuel de recrutement et d'organisation militaire, supporté patiemment par le pays, complétera l'exposition de son triste état, et fournira une preuve de l'immoralité gouvernementale.

Ici, nous retrouvons encore les deux faces de nos politiciens.

Pour la face apparente, toutes les lois récentes, — et nous changeons la loi constitutive de l'armée presque chaque deux ans, — prescrivent pompeusement l'obligation pour tous les Espagnols de défendre la patrie les armes à la main.

Ainsi tous les jeunes gens qui atteignent l'âge légal durant l'année de l'enrôlement sont tenus au service militaire et rangés dans une des quatre classes suivantes :

Service actif permanent;

Réserve active, ou avec congé temporaire;

Recrues en dépôt, ou conditionnelles;

Seconde réserve.

Ceci ressemble, au premier abord, au service général obligatoire, malheureusement adopté par la plupart des grandes nations du continent; mais..., après que la face apparente a été présentée sous ce jour favorable, toute ressemblance disparaît, et, de fait, nous n'avons que le recrutement par tirage au sort et l'exemption pour de l'argent.

Une loi fixe tous les ans l'effectif de l'armée permanente, qui ordinairement ne dépasse jamais le chiffre de soixante-dix mille hommes.

Tout soldat devant rester au moins trois ans sous les drapeaux, une conscription annuelle de trente à trente-cinq mille hommes serait suffisante pour maintenir l'effectif complet, les forces coloniales comprises; et cependant la conscription ordinaire s'élève toujours fort au-dessus de ce chiffre: celle de l'année dernière a été de *soixante-dix mille* hommes.

Nous exposerons les motifs de cette anomalie

Remarquons d'abord que, malgré tout l'appparat de la prescription légale qui déclare le service militaire obligatoire, ce service n'est fait que par ceux que le sort a désignés et qui n'ont pas pu payer pour se racheter.

Le reste appartient de nom à la réserve, mais de fait ne reçoit pas un seul jour l'instruction militaire, ne touche pas un fusil et reste, en un mot, tranquillement chez soi.

Nos réserves ne se composent, à proprement parler, que des jeunes gens qui, leur service actif fini, restent à la disposition plus ou moins nominale du gouvernement, jusqu'à ce qu'ils aient compté douze années à partir de leur tirage au sort, mais sans organisation et sans aucune instruction militaire ultérieure.

En calculant que, chaque année, le nombre des jeunes gens atteignant l'âge légal est de 160,000 environ, et que le contingent demandé est de 50,000 en moyenne, et en considérant que, sur ceux-ci, vingt-cinq pour cent sont exemptés du service pour divers motifs, nous voyons que ce qu'on appelle pompeusement l'*armée nationale* n'est constitué que par un cinquième des jeunes gens aptes au service, et que ce cinquième sort tout entier de la classe la plus misérable de la nation.

Cette mystification constitue une immoralité frappante, mais les moyens par lesquels on y arrive sont encore bien plus blâmables.

Si, comme nous l'avons démontré, un appel annuel de 30 ou 35,000 hommes est plus que suffisant pour maintenir l'effectif de l'armée, pourquoi le gouvernement en demande-t-il le double, comme il l'a fait cette année, par exemple ?

La réponse est bien simple.

Le remplacement pour de l'argent existant, sur 70,000 hommes appelés il y en a toujours 10 ou 15,000 qui se rachètent en versant 1,500 francs entre les mains du gouvernement ; et, comme celui-ci a demandé beaucoup plus d'hommes qu'il ne lui en faut, il ne remplace pas ceux qui se sont libérés, et empoche honnêtement et simplement une somme de *quinze à vingt-cinq millions de francs.*

Anciennement, on appelait le contingent nécessaire ; les jeunes gens tiraient au sort, et ceux qui se libéraient étaient remplacés par des volontaires, que le gouvernement se procurait; de telle sorte que la charge ne retombait pas sur tous les déshérités de la fortune.

Aujourd'hui, le pauvre n'a presque plus aucune chance d'échapper au service militaire; car il remplit par force et gratuitement la place que le riche a laissée vide, soit en se rachetant entre les mains du gouvernement, soit par le moyen d'abominables tripotages qui se font sur une très grande échelle dans les affaires de conscription par des agents sans scrupules, qui tous font de grandes fortunes.

Entrés dans une voie aussi ucrative, nos gouvernants n'ont plus connu de frein, et ils s'efforcent toujours d'augmenter le rendement de leurs tripotages.

Une loi, datant de l'année dernière, élève de 1,500 à 2,000 francs le prix du remplacement pour les conscrits appelés par le sort à passer aux colonies, et l'âge légal a été abaissé de vingt à dix-neuf ans.

Nous aurons ainsi deux tirages au sort, cette année, et les produits des rachats s'élèveront à une somme énorme.

Et cependant nous possédons une armée qui n'arrive jamais à 100,000 hommes effectifs, avec des réserves qui, toutes comptées, si l'on n'y comprend que les hommes réellement disponibles, dépassent rarement ce chiffre, et offriraient des difficultés de mobilisation insurmontables.

Et cette énorme contribution, si injustement distribuée, pèse lourdement sur le pays.

Dans la plupart des provinces, il existe une répugnance invincible et bien justifiée pour notre vie de caserne, et les familles, même les moins aisées, font des sacrifices ruineux pour y soustraire leurs fils.

On se demandera peut-être pourquoi notre gouvernement, qui dispose pour le ministère de la guerre d'un budget de 140 millions de francs, se livre à des actes aussi blâmables pour se procurer 20 ou 30 millions de plus?

Pourquoi ne réduit-il pas son contingent à la mesure de ses ressources?

Cela serait naturel et logique ; mais alors il ne pourrait plus se donner les airs d'un gouvernement organisé à **la moderne** ; sa belle face apparente lui manquerait.

Grâce au gâchis actuel, notre gouvernement se présente devant les grandes nations comme disposant d'une armée relativement à la hauteur de celles qu'elles possèdent, et cela flatte énormément sa vanité d'hidalgo fièrement drapé dans sa cape trouée.

Nous pourrions faire des observations semblables au sujet de notre marine de guerre, mais nous ne le ferons pas afin d'éviter des répétitions.

Nous dirons seulement qu'avec un budget de 35 millions de francs, — budget qui égale celui de l'Italie, — nous n'avons pas *un seul* cuirassé de combat en état de rendre de bons services, et que les quelques frégates que nous possédons sont surannées et prématurément vieillies.

L'immoralité et la routine rongent notre marine de guerre, comme toutes les autres branches de l'administration et du gouvernement.

Comme preuve de cette assertion, nous allons citer un fait tout récent.

Au beau milieu de l'explosion populaire, plus ou moins réelle, produite par l'affaire des Carolines, il fut question d'acquérir des vaisseaux de guerre dans les arsenaux étrangers, et quelqu'un proposa deux cuirassés qu'une maison anglaise était en train d'achever pour la Chine. Ce quelqu'un, qui, — malgré la dénégation qu'il fit publier, — n'était rien moins qu'un politicien de grande renommée, offrait ces navires pour la somme de 13 millions et demi chacun; or, le journal *El Globo*, en cherchant des antécédents, a découvert que ces mêmes navires avaient été offerts par la même maison pour 8 millions *les deux*, au précédent ministre de la marine, M. Antequera.

Une preuve aussi éclatante d'immoralité, venant d'un personnage si haut placé; une spéculation aussi éhontée sur les malheurs publics, cela ne dépeint-il pas sous les plus tristes couleurs l'état d'abaissement de la nation espagnole?

Pour compléter la description de notre marine de guerre, nous ferons observer qu'à Madrid, ville située sur le plateau le plus central de l'Espagne et à quelques centaines de kilomètres du point le plus proche du littoral, il y a toujours, en permanence, un contingent considérable d'officiers et de chefs de marine, de tous grades et emplois, qui, depuis la fin de leurs études, n'ont pas revu la mer.

Dans un bassin artificiel qui se trouve au parc public de Madrid — le Buen Retiro — il y a un tout petit bateau à rames et un canot de dimensions plus réduites encore, destinés à l'amusement des hauts personnages de la cour; eh bien! le seul service de ces bâtiments minuscules entretient un corps d'état-major de marine qui suffirait pour le commandement d'une escadre.

Les abus, dans l'organisation de notre marine, sont tellement enracinés, qu'il a toujours été impossible d'y porter la main.

Les missions à l'étranger sont si nombreuses et si superbement rétribuées, que l'on peut affirmer que tous les officiers ayant à Madrid quelque protection, peuvent, dans la marine, suivre la carrière la plus enviable et jouir de la plus belle existence qu'on puisse imaginer. A Liverpool, à Londres, à Marseille, au Havre, à Hambourg ou à New-York, on les voit fréquenter les lieux les plus à la mode, et mener, avec la plus étonnante légèreté, la vie joyeuse. Pour des attributions inutiles, qu'ils ne remplissent pas, ils touchent le double ou le triple du traitement qu'ils percevraient pour le service régulier à bord de leur navire.

Et c'est naturellement la nation amaigrie et dont l'état confine à la misère qui paie ces splendides générosités de ses honorables administrateurs.

Pour comble de honte, notre marine de guerre est tellement inutile, qu'elle est même incapable de parader dans les ports étrangers. En voici un exemple éloquent :

Il y a plus d'un an, on annonça *urbi et orbi* que notre marine de guerre allait entreprendre un grand voyage de circumnavigation et visiter les ports les plus importants du monde.

Le but, ou plutôt le prétexte de ce voyage,

était l'instruction des élèves de marine ; mais en réalité l'objet en était de fournir l'occasion d'un grand voyage d'agrément à quelques douzaines d'amis des ministres qui, sous le couvert de missions spéciales à remplir, s'embarqueraient aux frais de l'État.

Après mûre délibération, on choisit, pour cette excursion, la vieille frégate « Blanca », et l'on dépensa quelques centaines de mille francs pour la réparer et l'aménager convenablement pour un aussi long et aussi important voyage. Les machines furent examinées minutieusement, et les cabines furent pourvues de tout le confortable désirable pour satisfaire même les plus exigeants de ceux qui devaient les occuper.

Une fois tous ces préparatifs terminés, et après avoir fait le plus de boum-boum possible, « la Blanca » sortit enfin un beau jour d'un de nos ports, avec toute la majesté dont elle était capable, et elle se dirigea vers les côtes d'Angleterre. Elle devait ensuite visiter les ports océaniques de la France, de la Hollande, de l'Allemagne et de tout le nord de l'Europe, traverser ensuite l'Atlantique, parcourir les côtes des États-Unis, du Canada et de toutes les contrées maritimes des deux Amériques; puis, par le Pacifique, aller vers ceux du Japon, de la Chine et de l'Inde pour rendre ensuite visite à ceux des Philippines et de l'Australie, et rentrer, par le canal de Suez, dans les eaux méditerranéennes, où elle devait promener enfin l'immaculé pavillon de Castille par les principaux ports de l'ancien Orient, de l'Italie et de la France. Alors, après plus d'une année et demie de navigation, elle aurait opéré sa rentrée en Espagne, qui, selon ce que disaient les journaux de Madrid, organes dévots du pouvoir et de ses *chanchullos*, se sentirait rajeunie par la perpétration d'un tel exploit, digne des beaux temps des Colomb, des Magellan et des Nunez de Balboa.

Mais, comme dit le proverbe espagnol, l'homme propose et Dieu dispose, et ce plan, si amoureusement conçu et préparé avec tant de soins, ne devait pas se réaliser entièrement.

La frégate « Blanca » fit, comme elle put, la traversée d'Espagne en Angleterre ; mais aussitôt après avoir quitté les côtes du Royaume-Uni, son hélice se rompit, et « l'Orgueil des mers » — suivant la pompeuse qualification des marins en chambre de Madrid — resta en plan au beau milieu de l'Océan.

Par bonheur pour les jours sacrés des commissions de savants qu'elle avait à bord, un navire compatissant la conduisit jusque dans un port suédois où on put la réparer, non pas pour qu'elle fût en mesure de continuer son glorieux voyage, mais tout juste assez pour que, clopin clopant, elle pût retourner aux côtes d'Espagne, qu'elle aborda non point en triomphatrice, mais en humble et pauvre vagabonde.

Eh bien ! on pourrait croire qu'après tant de fracas un pareil fiasco dût remplir de honte notre corps de marine.

Que nenni !

Ce fut tout le contraire qui se produisit ; et, en véritable Don Quichotte, il dit encore, comme le héros de Cervantes, tombé à terre

et incapable de se relever par suite de la bas-
tonnade reçue : « *Atended que no por culpa
mia sino de mi caballo, yazgo aqui molido y
quebrantado* » (1).

Actuellement, on dépense bien des millions
pour la construction de bateaux cuirassés,
dans les arsenaux de France et d'Angleterre.
Hélas! tout cela n'aboutira à rien d'utile.

Notre marine de guerre, comme toutes les
branches de l'administration, porte dans son
sein le péché originel qui la condamne à être
toujours vraiment espagnole.

(1) Remarquez que ce n'est point par ma faute, mais
bien par celle de mon cheval, que je gis ici moulu et
brisé.

XI

L'ADMINISTRATION PUBLIQUE

Si telle est la base des institutions politiques capitales, il n'est pas difficile de se figurer dans quel état peuvent et doivent se trouver les autres branches de l'administration publique. Aussi, nul ne sera surpris d'apprendre que les abus fourmillent dans tous les services de l'État.

Un nombre extraordinaire d'employés ne franchissent jamais le seuil des bureaux, si ce n'est le jour de la paye, pour empocher le traitement affecté aux emplois fantaisistes, imaginaires, dont ils sont les titulaires.

Tout récemment nous avons constaté que,

dans quelques branches de l'administration, de nombreux petits messieurs, gandins et gommeux, émargeaient pour des emplois de garçons de bureau, de portiers, de balayeurs, etc., etc., tous emplois que, bien entendu, ils ne remplissent pas, mais desquels ils ne dédaignent nullement les émoluments, pour modestes qu'ils soient.

Dans certaines villes, nous avons vu des maires subventionner des journaux de leur parti, ou d'autres partis, en prélevant des fonds sur le chapitre de la voirie municipale, de sorte que telle publication consommait l'argent destiné à l'entretien de dix tombereaux.

Lors d'un récent changement de conseil municipal, à Madrid, le nouvel alcalde imposé par le gouvernement voulut tenter de se rendre populaire en balayant des bureaux de la ville la foule de parasites qui les encombraient et nuisaient à leur marche régulière.

Il commença par mettre la plaie à découvert; mais il fut bientôt arrêté dans cette voie de saine réforme par les clameurs de tous les partis politiques, intéressés d'une manière plus ou moins directe à la continuation de ces abus.

D'ailleurs, en agissant ainsi, l'alcalde avait moins en vue la moralisation de l'administration, que le discrédit que la divulgation de ces faits jetterait sur le conseil municipal d'opposition qu'il venait remplacer.

Dernièrement, des cabales politiques introduisirent à l'hôtel de ville de Madrid les chefs de tous les partis d'opposition, même les plus radicaux, et l'on peut bien être certain qu'ils n'ont pas apporté le plus petit remède à cet état de choses.

Les nouveaux édiles ont pris le parti infiniment plus commode de ne pas s'occuper de telles bagatelles.

Nous remplirions des *in-folio*, si nous voulions énumérer et dépeindre seulement les traits les plus saillants de cet état d'immoralité publique qui pèse aujourd'hui sur l'Espagne.

Ce n'est malheureusement pas un cas isolé que celui du comte de la Romera, qui vendit, pour dix mille francs, au *New-York Times* le texte du traité de commerce projeté entre notre nation et les Etats-Unis, et qui, après cette scandaleuse violation d'un secret d'État qu'il put connaître grâce à sa position officielle, n'en continua pas moins à présider la Députation provinciale (conseil général) de Madrid.

Des faits de cette nature sont si fréquents chez nous que, malgré le bruit que la presse nationale et étrangère fit à propos de cette affaire, M. Canovas ne se crut pas obligé de flétrir, par une destitution méritée, son coreligionnaire infidèle.

Aujourd'hui, M. le Comte des Dix mille francs fait toujours figure dans le parti conservateur, et passe pour l'un de ses membres les plus honorables !

Pour avoir une idée précise de notre administration et du sans façon avec lequel les hommes politiques de Madrid disposent de tous les revenus de la nation, il suffit de fréquenter n'importe lequel de leurs cercles, alors que s'approche la saison des voyages d'agrément, des villégiatures.

L'année dernière, au commencement de

l'été, nous étions précisément à Madrid et nous
nous trouvions dans les salons de l'*Ateneo*,
réunion de la société la plus sérieuse de la capitale, qui affiche de grandes prétentions scientifiques. On n'y voyait alors que des gens qui
venaient prendre congé de leurs amis avant
d'entreprendre leur voyage de vacances à l'é-
tranger ou vers les sites à la mode du nord de
l'Espagne.

Nous nous souvenons qu'en un seul jour,
nous en comptâmes dix ou douze qui, tous,
s'en allaient en Suisse ou vers les plages de la
Belgique, de la France ou de l'Angleterre,
splendidement défrayés par l'État de tous leurs
frais de route et de séjour.

Que si on examine attentivement les motifs
allégués pour justifier ces voyages, on se con-
vaincra que là, la note bouffe est supérieure à
toutes les autres.

Ce même jour dont nous parlons, par exemple, nous fîmes nos compliments d'adieu à un
professeur d'histoire d'une Institution (Lycée)
qui partait pour Paris, Rome, Vienne, Berlin
et Londres sous prétexte d'étudier les écoles

primaires de ces divers pays ; à un autre, un médecin sans clientèle, qui partait pour la France
et l'Allemagne, pour s'y livrer à de profondes
études sur les lois civiles de ces nations ; à un
ingénieur qui s'en allait en Suisse pour se livrer à un examen attentif des mesures prises
contre le choléra, etc., etc., car nous n'en finirions pas si nous voulions tout énumérer.

Et tous ces braves messieurs partaient le
gousset bien garni de billets de banque fourni
par le ministère, et le portefeuille rempli de
lettres de recommandation les plus efficaces
pour les agents du gouvernement à l'étranger.

Une de mes connaissances, teinturier de son
métier, mais bien poussé auprès de ceux qui
concèdent ces faveurs, voyagea richement en
Allemagne et en France, et gaspilla quelques
milliers de francs du Trésor public pour étudier l'organisation de la police française et
allemande.

Le cynique sans gêne avec lequel on pro-
cède n'a pas de limite.

Celui qui désire faire un voyage d'agrément
pendant la belle saison, n'a qu'à se présenter

dans les bureaux de quelque ministère où il ait quelque bonne relation, et à exposer carrément sa demande.

Si on veut lui être agréable, l'affaire est simple.

On lui expédie un ordre de mission pour n'importe quoi, et ensuite on lui fournit l'argent et les recommandations nécessaires.

Quant à l'objet de la mission, il n'y a pas à se rompre la tête pour le remplir.

Dès que le favorisé est parti, personne ne se souviendra plus de la mission qui lui fut confiée, et une fois son voyage terminé, il peut rentrer tranquillement chez lui, sans plus de préoccupation, et y attendre la saison suivante pour essayer de recommencer.

Ce que nous venons de dire n'est qu'un bien faible échantillon des grands priviléges que ces Messieurs de Madrid ont su se ménager au prix de la ruine et de la misère générale de la nation.

Toute la pièce se joue à Madrid, et Madrid sait bien en tirer à son profit tous les bénéfices.

Ainsi, nous voyons que, dans les cas de grandes entreprises, Madrid se fait faire des lois spéciales.

La ville avait besoin de grandes réformes intérieures, et conçut le projet de la *Puerta del Sol,* qui est une grande place sise au beau milieu de la capitale.

Cette réforme nécessitait la dépense de plusieurs millions, somme que le maigre Trésor municipal ne pouvait pas supporter.

A quel moyen recourir alors?

L'exubérante imagination des politiciens résolut promptement le problème. Toutes les grandes routes carrossables de l'Espagne, se dirent-ils, aboutissent à Madrid : donc, le centre des routes est le centre même de la ville. Ce raisonnement admis en principe, on en tira des conséquences. Les grandes rues de Madrid, continuèrent-ils, ne sont pas des rues; ce sont des routes, et le point confluent de ces routes n'est qu'un de leurs accessoires. Logiquement la nation doit payer ses grandes routes, ainsi que les travaux nécessaires pour leur confluence, et partant, il n'y a pas de loi plus juste que celle qui ordonnera que la *Puerta del Sol* soit payée des deniers du Trésor national.

Et en effet, toute la nation dut payer la grande place de Madrid et l'entretien des grandes rues affluentes.

Entrés dans une voie aussi subtile, les grands politiciens de Madrid ne s'arrêtèrent point en chemin, pour pourvoir leur capitale de tout ce qui pouvait la rendre plus agréable aux dépens de toute la nation.

Il n'y avait pas d'eaux potables en abondance, et alors, suivant l'ingénieux système inventé pour la *Puerta del Sol*, on dépensa un tas de millions pour construire le *Canal du Lozoya* qui fournit surabondamment de l'eau à messieurs les Madrilènes.

Pour l'*Hippodrome*, on suivit la même procédure, précédemment employée pour le *Grand Théâtre Royal* et bien d'autres lieux de simple divertissement ou d'utilité particulière pour la ville.

Actuellement, on complète la fête en lui faisant cadeau de quelques millions, pendant qu'il y a un grand nombre de bâtiments en construction par le même système.

Pour les politiques qui pèsent sur l'Espagne, c'est un principe indiscutable que Madrid seule est la nation et que tout est subordonné à ce principe.

Tant qu'il y aura une piastre en Espagne, Madrid en jouira et continuera à se présenter travestie en grande capitale et trônant au milieu d'un désert de misères et de nécessités de toute sorte.

Dans les choses moindres, les privilèges sont aussi nombreux.

Diverses fois, les pensionnés de l'État, civils ou militaires en retraite, ne pourraient percevoir leurs pensions qu'à Madrid ; ces pensions ne seraient pas payées en province.

C'était là un moyen très simple et très efficace d'augmenter la population et, partant, les revenus de la capitale, parce que, tout naturellement, les retraités qui savaient fort bien quelle différence il y avait entre Madrid et la province, abandonnaient leur résidence pour aller s'établir dans la capitale.

De cette façon, Madrid arriva à attirer et à réunir dans son sein plus de la moitié des pensionnaires de l'État.

L'abus était tellement monstrueux qu'on ne put faire autrement que de s'en occuper à la Chambre. On fit des motions, et l'on parvint à présenter un projet de loi pour y porter remède. Eh bien! le croira-t-on? la majorité des députés refusa d'aller plus loin, et ce projet ne fut pas pris en considération.

Cependant, la plupart des membres de cette majorité ne siégeaient dans l'Assemblée qu'en qualité de représentants de districts provinciaux, et non point comme députés de Madrid!

Peut-on fournir une preuve plus péremptoire de la pureté de notre système parlementaire?

Ces députés votaient en faveur de Madrid, parce qu'avant tout ils étaient des politiciens madrilènes, ne vivant que de la farce politique de Madrid.

Presque tous ne connaissaient, d'ailleurs, que de nom les districts qu'ils disaient représenter.

A Madrid, une foule de gens expédient le
correspondance privée sans l'affranchir.

Cet abus provient de ce que les sénateur
les députés et nombre d'autres fonctionnair
jouissent de la franchise postale; et par c
portes tous ceux qui le désirent peuvent e
trer.

Sous l'égide économique du timbre du Sén
ou du Congrès, nous avons maintes fois re
des circulaires commerciales, des prospect
de toutes sortes, des lettres de faire part, et

A Madrid, il n'y a que les naïfs — ou l
quelques personnes trop scrupuleuses — q
dépensent de l'argent pour l'affranchisseme
de leur correspondance.

Tout ce qui peut rapporter quelque pro
ou donner quelque splendeur à la ville a é
centralisé à Madrid.

C'est là que sont installées les hautes écol
c'est là que les sociétés mercantiles et fina
cières ont leur siège directif, etc., etc.

A Madrid, il y a plus d'agents d'ordre p
blic, c'est-à-dire du corps de police gouvern
mental, que dans tout le reste de l'Espagn

Il est vrai qu'une bonne partie de ces agents ne le sont point en réalité, et qu'ils ne prêtent aucun service : beaucoup sont cochers, valets de chambre, cuisiniers de hauts personnages de la coterie; mais ils touchent leurs gages comme agents de l'État.

C'est encore un moyen simple, mais pratique, de donner un vernis de splendeur administrative à cette pauvre capitale artificielle.

Mais tous ces privilèges énormes sont peu de chose en comparaison du grand privilège dont nous avons parlé dans un précédent chapitre.

Nous faisons allusion au tripotage, au *chanchullo*.

Nous possédons, sur certains cas de *chanchullo*, des détails qui nous feraient rougir nous-même si nous les transcrivions.

Nous avons vu un haut personnage faire, tous les quinze jours, de Madrid à une grande ville de province, un voyage personnel pour empocher tout bonnement, et sans laisser ni trace ni vestige, des sommes importantes que

le maire de cette ville devait à un personnag
plus haut placé encore, comme pot-de-vin
participation dans les tripotages qu'on lui pe
mettait de faire.

Nous savons au juste l'importance des son
mes qu'ont produites à tel et tel certain
affaires administratives de nature à prov
quer des questions de cabinet, des crises m
nistérielles.

Dans notre pauvre pays, bien des chos
paraissant impossibles et illogiques trouve
une explication presque claire par le trip
tage.

Quand, par exemple, une grande entrepri
sollicite une subvention, et qu'ensuite on l
concède non pas la subvention sollicitée, m
une supérieure, la différence n'est pas aut
chose que le tripotage.

Dans cette voie, il ne faut pas s'effarouch
devant les millions, car il y a des tripotag
qui représentent des sommes invraisemblabl
et capables de convertir en gros richard
premier parvenu quelconque de la politiq
madrilène ayant la chance d'y toucher.

Nous pensons bien que cette peinture de notre administration pourra paraître un peu vive au lecteur étranger qui a le bonheur de vivre dans un pays régulièrement régi et administré, mais nous pouvons lui donner l'assurance que les couleurs que nous avons employées sont bien pâles encore pour refléter la réalité comme il conviendrait.

S'il nous était permis de citer des noms et des cas particuliers, alors le tableau ressortirait avec une expression de réalisme qui laisserait loin derrière lui les romans les plus naturalistes de l'école de Zola.

Qu'on nous dise maintenant si la régénération de notre pays est possible par n'importe lequel des partis nous ayant gouvernés ou aspirant à le faire !

Au moment de terminer ce chapitre, on nous annonce que la Société patriotique le « Centre Catala », que nous présidons, est menacée de se voir imposer une amende de 107,342 fr. 70 (nous disons cent sept mille trois cent quarante-deux francs soixante-dix centimes) pour l'énorme délit de ne pas avoir eu un des indi-

vidus composant son comité présent au domi
cile de la Société au moment où se présent
un inspecteur pour examiner si ses livres e
pièces de caisse étaient munis des timbres de
0 fr. 10 c. que la loi prescrit.

Mais que le sort de la Société n'inquièt
personne.

Les inspecteurs sont envoyés de Madri
sans traitement, et en apparence pour inspec
ter et tirer leurs émoluments d'une partie de
amendes produites par les fautes qu'ils dénon
cent, mais en réalité pour réaliser une for
tune rapide par un tripotage largement pra
tiqué.

M. l'inspecteur et ses hauts participant
savent fort bien qu'ils ne tireront rien de l
Société, parce que celle-ci n'est pas en con
travention, et que nous ne consentirons pas
leur graisser la patte pour nous débarrasse
de leurs obsessions; mais tel n'est pas no
plus leur but.

Ce que ces messieurs se proposent, c'e
simplement d'effrayer le menu fretin, chez le
quel on se dit déjà à l'oreille que le tarif étab

pour se débarrasser des persécutions est de quelques cents francs pour les cas ordinaires, c'est-à-dire quand le persécuté est en règle, et, dans les autres cas, de sommes bien plus considérables, suivant l'importance de la faute à cacher, et surtout l'état financier de la victime.

Dans tous ces cas, on délivre à celle-ci un certificat établissant la régularité de sa position; certificat qui ensuite ne lui sert à rien, parce qu'il suffit que le gouvernement nomme un nouvel inspecteur et l'autorise à reviser les revisions antérieures, pour que les malheureuses victimes so[i]ent obligées de recommencer à graisser la patte au nouvel inspecteur.

Ce que nous racontons là ne manque jamais de se produire, et c'est le cas actuel.

M. l'inspecteur qui réclame l'amende incommensurable dont nous avons parlé, est autorisé à faire remonter ses revisions jusqu'à l'origine de l'impôt du timbre, et il restera parmi nous jusqu'à ce qu'il ait arrondi sa bourse, pour faire place ensuite à un successeur de même farine.

Qu'on nous dise si jamais Rome, aux plu
mauvais temps de ses proconsuls et de se
questeurs, était arrivée à un degré si éhont
d'exploitation des provinces conquises!

XII

EN PROVINCE — LES GRANDES VILLES

Sortons maintenant de Madrid.

L'atmosphère y est pernicieuse; l'air que nous y avons respiré est empesté. Montons dans un wagon de chemin de fer, et, par le train le plus rapide, à trente ou trente-deux kilomètres à l'heure, transportons-nous dans une grande ville de province : à Barcelone, à Valence, à Séville ou à Malaga, qui sont les quatre grandes cités espagnoles dont la population dépasse cent mille âmes.

Pendant le trajet, ne mettons point la tête à la portière, car la vue de cette partie centrale de l'Espagne, l'aspect désolé de cette terre jaunâtre et dépourvue de végétation, la rareté des villes et des villages, aussi jaunâtres que la terre et aussi dépourvus qu'elle de tout signe de culture et de bien-être, nous attristeraient profondément.

En sortant des grandes villes, nous y ferons une escapade, pour nous rendre mieux compte de l'état misérable dans lequel on les laisse.

Quand nous approcherons du littoral, ce sera l'occasion de porter nos regards vers la campagne, pour y voir les quelques oasis qui rompent un peu la monotonie du désert espagnol.

Si la grande ville vers laquelle nous nous dirigeons est fréquentée par des étrangers touristes, comme celles de l'Andalousie ou du nord de l'Espagne, il nous sera facile de nous installer dans un hôtel assez confortable.

A Séville, à Grenade, à Cordoue, à Huelva, nous en trouverons de fort convenables et à des prix modérés.

Dans les autres grandes villes, par exemple, il nous faudra nous accommoder un peu comme nous pourrons, et si la chambre ou la table laissent à désirer, nous nous en consolerons en pensant que ce pourrait être pire encore.

Nous avons dit plus haut qu'en Espagne, sans compter la capitale, il y avait quatre grandes villes de plus de cent mille habitants. En effet, Barcelone — faubourgs non compris — en compte 250,000 en chiffres ronds; Valence, 144,000; Séville, 132,000, et Malaga, 113,000.

Il y a ensuite huit villes dont la population varie de cinquante à cent mille âmes, savoir, par ordre d'importance : Murcie (94,000), Sarragosse (83,000), Carthagène (78,000), Grenade (72,000), Jerez de la Frontera (65,000), Cadix (60,000), Palma de Majorque (59,000), et Valladolid (51,000).

Ensuite on trouve quelques deux douzaines de villes ayant plus de vingt-cinq mille habitants, et le reste est villes et villages au-dessous de cette importance.

Parmi les petites villes de cette dernière catégorie, il y en a qui ont une grande renommée historique. Tolède, par exemple, l'impériale Tolède, compte aujourd'hui juste 20,000 âmes; et des cités aussi célèbres que Salamanque, Gérone, Ségovie, Léon, etc., etc., n'ont qu'une population moindre.

Parmi les 49 provinces actuelles (départements), il y en a dont la capitale (le chef-lieu) n'atteint pas 10,000 habitants, comme Téruel, Avila, Guadalajara, Cuenca et Soria. Par contre, en Andalousie, en Catalogne et dans quelques autres contrées, il y a des villes de 30,000 âmes et plus qui ne sont pas « capitales ».

Quand on parcourt les grandes villes espagnoles, on peut y observer une grande variété d'aspect, d'allure, de type, etc.

Bilbao, par exemple, qui est la ville la plus commerçante et minière de l'Espagne, diffère essentiellement de Barcelone, qui est la ville la plus manufacturière.

En Catalogne, les grandes villes portent empreint le cachet de la vie industrielle, qui est leur ressource la plus importante; tandis que les villes de l'Andalousie, qui vivent plus particulièrement de l'agriculture et de l'élevage du bétail, sont les villes les plus élégantes et les plus coquettes du pays.

Séville est, sans contredit, l'un des séjours les plus agréables de l'Europe, et chez elle, au milieu de coutumes typiques très caractérisées et dans ses ruelles qui se souviennent encore de la domination des Maures, l'étranger peut jouir de tout le confort de la vie moderne. L'on y rencontre une société choisie qui n'a pas son équivalent en Espagne.

Que le touriste qui visite notre pays ne cherche pas dans ses grandes villes de modernes merveilles ! Il ne doit y aller que pour y admirer les souvenirs des temps passés.

L'Espagne archéologique et monumentale historique est bien supérieure à l'Espagne actuelle.

Presque dans toutes les villes de quelque importance, la cathédrale gothique et quelques autres églises ou anciens monastères méritent une visite.

Tout le monde connaît les monuments sans rivaux que les Maures semèrent dans le midi de l'Espagne : l'Alhambra de Grenade, la mosquée de Cordoue, la cathédrale de Séville avec sa tour de la Giralda, sont plus renommés à l'étranger que chez nous

Tolède est un résumé abrégé de toutes le[s] époques, car à côté de sa superbe cathédral[e] gothique, il y a les mosquées mauresques e[t] l'Alcazar en partie de la Renaissance — qu[i] vient de brûler —; mais la ville est égalemen[t] le résumé de notre état actuel. Cette ville en effet, qui renferme tant de merveilles ne connaît pas encore le gaz! Son labyrinth[e] de ruelles et de carrefours, où s'entassent le[s] maisons les plus modestes et les plus riche[s] palais, est éclairé à moitié par des fanaux [à] pétrole, fanaux qu'on n'allume même pas le[s] nuits où — suivant le calendrier — la lun[e] doit briller au ciel.

Cependant, cette situation arriérée de To[-] lède ne doit point servir de base à l'observa[-] tion; car, en général, ce ne sont pas les grande[s] villes de l'Espagne qui peuvent donner une idée bien exacte de l'état actuel et moral d[u] pays.

L'étranger qui visite ces grandes villes n[e] peut pas se rendre un compte réel de notre vi[e] précaire, car, dans ces centres, les apparences sont bien supérieures à la réalité, fait qui peut s'expliquer par bien des raisons.

En Espagne, comme à peu près dans tout pays méridional, la vie se passe au dehors, à la rue.

Quand on se promène dans une de nos grandes cités, on peut beaucoup observer sans pénétrer dans l'intérieur des habitations.

Dans leurs quartiers centraux, on voit de grands magasins, comme partout ailleurs, et souvent leurs quartiers excentriques sont aussi très animés. Ordinairement, les rez-de-chaussée des maisons ne servent pas d'habitation : ils sont occupés par de petits ateliers d'artisans, tels que menuisiers, serruriers, cordonniers, etc., etc., qui travaillent à la porte de leur boutique, presque dans la rue même. Ainsi, l'animation se répand par toute la ville, ce qui lui donne un aspect d'ensemble agréable pour le visiteur ou le promeneur.

En outre, ces grandes villes, à l'instar de Madrid, qui absorbe le peu de vie qui reste à la nation, absorbent à leur tour les miettes que la capitale a laissées aux contrées qui les environnent.

De plus, le caractère espagnol, en dépit de différences profondes qui existent entre le habitants des diverses régions — différence que nous avons déjà en partie fait ressortir — a cependant un côté commun : l'orgueil de n se présenter en public que sous l'aspect le plu agréa᷈le possible.

Dans nombre de familles peu aisées, on s nourrit fort mal et la vie intérieure se rédui au strict nécessaire, et parfois à moins encor mais pour sortir à la rue, rien ne leur manqu — rien de ce qui frappe la vue surtout, et tou ce monde apparaît frisé, parfumé, orné de bi joux et plein d'élégance.

Le type de l'hidalgo castillan qui, sous so manteau brillant, cachait son corps dépourv de chemise et son estomac vide, est encor plus commun chez nous qu'on ne se l'ima gine.

Dans le cours de nos excursions par l'Es pagne, il nous est arrivé de souffrir presqu de la faim, dans des maisons montées sur u pied luxueux, et dont le chef se donnait la sa tisfaction d'avoir une petite voiture particu lière, afin de pouvoir se montrer dignement à la promenade.

La fierté d'hidalgo des régions centrales et méridionales de l'Espagne, en faisant de la nécessité une vertu, a élevé la sobriété au rang d'une sorte de religion nationale, et, bon gré mal gré, on nous oblige à être sobres.

Pour se rendre mieux compte de ce fait, il suffit d'examiner les bulletins des abattoirs de nos grandes villes. La quantité de viande consommée est toujours bien inférieure à celle de n'importe quelle ville de même importance de l'Europe centrale.

Pour ces raisons, et bien d'autres encore, l'aspect des grandes villes espagnoles est de beaucoup au-dessus de la réalité.

Celui, donc, qui n'a fait que se promener dans leurs rues, ou fréquenter leurs cafés, leurs théâtres et leurs casinos, n'a pu acquérir qu'une connaissance très relative de la situation de notre nation, n'a pu s'en former qu'une idée fort peu exacte.

En outre, il y a un autre motif pour la vie apparente des grandes villes.

L'immoralité gouvernementale et adminis
trative, dont nous avons essayé de faire une
description dans les précédents chapitres, n'es
pas une exception dans l'ensemble de notre
état social. Elle n'a pas seulement rongé les
branches de l'administration publique ; elle a
pénétré jusqu'au cœur de notre société.

C'est pourquoi nous sommes forcé, pour
notre malheur, de reconnaître qu'une telle im
moralité n'est qu'un pâle reflet de l'état du
pays. Notre nation se trouve aujourd'hui dans
la décrépitude, et tous ses membres partici
pent à cet état et s'en ressentent.

Nous ferons observer en premier lieu que
les farces électorales et les tripotages adminis
tratifs se perpètrent, non malgré le pays, mais
avec son concours.

S'il est vrai que le ministre de l'intérieur
dirige de son cabinet de Madrid la comédie
grotesque des élections, il n'en est pas moins
certain qu'il trouve jusque dans les moindres
villages des agents nombreux, parfaitement
disposés à le seconder et même à le surpasser
en fourberies.

Pendant la courte durée de la république, nous eûmes un ministre de l'intérieur, homme intègre, qui se mit en tête de faire des élections parfaitement libres. De son côté, il tint parole ; mais, malgré sa non-intervention, les meneurs politiques et les chefs de coteries dans les grandes villes, et les *caciques* dans les villages et les hameaux firent tant qu'ils rendirent stériles les bonnes dispositions du ministre, et les falsifications, les fourberies, la transmigration des âmes, la résurrection des *Lazares* et l'apparition subite de localités inconnues à la géographie, furent le cortège de ces élections comme de toutes les autres.

Le tripotage n'est pas non plus le fait exclusif des politiciens qui résident à Madrid.

Il n'est pas difficile de le retrouver dans toutes les administrations communales et provinciales, remplies pourtant par des bourgeois qui ne font pas un métier de la politique.

Dans les grandes villes, toute construction municipale coûte le double de son prix réel, et la moitié au moins de tout revenu éventuel disparaît en passant de la poche du contribuable dans la caisse publique. On n'est plus scandalisé en voyant tel conseiller municipal ou provincial qui, entré en charge sans fortune aucune, en sort, au bout de deux ou trois ans de fonctions *non rétribuées*, avec assez de bien pour vivre impudemment de ses rentes et faire bâtir des maisons.

Dans les villes secondaires, on suppute à haute voix, au café ou au cabaret, ce que la tolérance des jeux et de la prostitution rapporte bon an mal an à M. le Maire, et on calcule à un centime près ce que les tripotages de l'octroi produisent à tels ou tels conseillers municipaux.

Au fond, d'ailleurs, personne ne les blâme; les bavards se contentent de les envier, et tous leurs efforts ne tendent qu'à se substituer en leur lieu et place.

Si quelque moraliste chagrin se permet de souhaiter quelque chose de mieux, il est traité de rêveur ou de Don Quichotte fourvoyé.

Nous avons dit plus haut que l'immoralité, le désordre sont pour l'Espagne actuelle une note aussi caractéristique que le furent les moines, les manolas et les majos pour l'Espagne des romans et de la légende.

Pour en fournir une nouvelle preuve, nous allons profiter de cette occasion pour décrire un type nouveau, né de notre instabilité politique, et tout aussi espagnol que les personnages peints par Goya et Velasquez.

Ce type est le *guérillero-conspirateur*.

On le trouve dans toutes nos provinces.

Sans compter les carlistes, qui sont innombrables, non plus que les bandits dont nous avons parlé, et qui se transforment aussi en guérilleros à l'occasion, dans les provinces du Midi, nous avons les *Tañete Galvez* de Murcie, les *Salvochea* de Cadix, et bien d'autres. A Valence, tout le monde connaît l'*Enquerino*, et en Catalogne les noms du *Xich de las Barraquetas*, de *Baliarda*, d'*Escoda*, etc., sont devenus populaires. Dans la région vasco-navarraise, le *Cojo de Cirauqui* et bien d'autres n'ont rien à envier à leurs congénères des autres régions.

A Madrid même, au cœur de la nation, le type ne fait pas défaut : *Becerra*, *Ducazcal* et

d'autres sont devenus de grands personnages
grâce au métier de guérillero-conspirateur, e
maintenant ils regardent avec mépris les *Car*
bonerin et cent autres, qui persistent à exer
cer ce métier en toute conscience.

Dans le cours de nos discordes civiles, le
guérilleros-conspirateurs se sont entre-fusillé
par douzaines, et un grand nombre ont échang
leur métier pour une place officielle, mais
type se reproduit toujours sans perdre auct
de ses caractères distinctifs.

Le guérillero-conspirateur est reconnaissab
à ses allures et à son costume. Coiffé d'u
grand chapeau à larges ailes, incliné sur l'o
reille, chaussé de grosses bottes, dont
frappe violemment le sol, tenant à la main u
canne-gourdin dont la poignée est un bus
de la République ou de Don Carlos, il se pr
mène d'un air vainqueur, causant avec my
tère et n'élevant la voix que pour proférer
formidables jurons.

A l'approche des troubles politiques, not
type exagère encore ses rodomontades et
donne des airs d'homme important. Au ca

au cabaret, il tire ses amis à part et leur montre complaisamment, mais en *très grand secret*, une nomination de colonel ou de général, signée par le chef conspirateur le plus en vedette pour l'heure, ce qui ne l'empêche pas, d'ailleurs, de s'esquiver souvent au moment du péril.

Ces hommes funestes, toujours prêts à lever l'étendard de la révolte pour qui les paye, sans en excepter la police, sont un vrai danger pour tout gouvernement faible; car, plutôt vantards que braves, ils n'osent pas affronter de véritables dangers et ne s'insurgent que lorsqu'ils sont sûrs de l'impunité.

A l'heure actuelle, les guérilleros-conspirateurs sont dans la joie.

La mort de Don Alphonse, sans successeur majeur, nous a légué un pouvoir extrêmement faible, car tout le monde s'accorde à reconnaître qu'une minorité d'au moins treize ans sous la régence d'une femme étrangère n'est pas possible.

Aussi tous les guérilleros des partis d'opposition s'agitent à qui mieux mieux.

Ceux qui arborent les couleurs libérales organisent leurs forces dans les grandes villes. Ils n'attendent que le signal, qui partira, soit d'un des partis politiques, fatigué de la situation expectante dans laquelle ils se tiennent tous actuellement, soit d'un groupe de joueurs à la Bourse, désireux d'empocher les *bénéfices* que leur produira une baisse certaine.

Ce dernier cas ne serait pas sans précédents, car notre Bourse, plus riche de perfidies que d'argent comptant, sait fort bien tourner à son profit l'immoralité générale ; et les conspirations, voire même les insurrections, sont des moyens qu'elle emploie, non sans succès.

Si l'on recherchait soigneusement les motifs qui ont produit en Espagne bien des coups de force ou des *pronunciamientos* avortés, comme celui qui dans les derniers temps du règne de Don Alphonse causa la mort de deux officiers, fusillés à Gérone, et comme beaucoup d'autres, on trouverait sans doute qu'ils furent dus à la cupidité de quelques boursiers sans conscience, qui ne reculèrent pas devant ces affreux moyens pour se procurer un gain de quelques milliers de francs.

Pour toutes ces raisons, et pour bien d'autres encore, le métier de guérillero-conspirateur se perpétue parmi nous et donne à notre politique une couleur bien caractéristique.

Le guérillero-conspirateur manque rarement de besogne.

Tantôt c'est le joueur à la Bourse qui l'occupe ; tantôt ce sont les croupiers des jeux prohibés qui utilisent ses services ; enfin les politiciens sevrés du pouvoir ne peuvent pas se passer de son aide.

Les joueurs de toute espèce rétribuent ses services en billets de banque ; quant aux politiciens, lorsqu'il a réussi à les hisser au pouvoir, ils l'admettent à la curée des places.

L'armée compte beaucoup d'officiers, et même d'officiers généraux, qui y sont entrés grâce à leurs exploits comme guérilleros-conspirateurs.

Le plus sanguinaire des chefs de bande carlistes qui ravagèrent la Catalogne durant la dernière guerre, Miret, de simple civil qu'il était, fut improvisé colonel de l'armée régulière.

Bon nombre de ceux qui atteignirent aux plus hauts grades de l'armée, par la protection du général Prim, étaient sortis de l'honorable classe des guérilleros-conspirateurs.

Le type que nous venons de décrire est un type vraiment espagnol, digne d'être étudié et connu des étrangers qui s'occupent de notre état politique et social. Son existence prospère explique bien des choses qui semblent presque invraisemblables.

XIII

EN PROVINCE — LES PETITES VILLES ET LA CAMPAGNE

C'est surtout dans les petites villes et dans la campagne que le navrant état actuel de l'Espagne se présente dans toute sa nudité; car ici la face apparente disparaît presque complètement, pour faire place à la face réelle qu'on ne peut pas dissimuler.

La misère, l'ignorance, la superstition ou l'indifférence musulmane y règnent en maîtresses souveraines, en despotes; et le système d'exploitation employé par les coteries, qui, de Madrid, ont étendu leurs filets jus-

qu'aux coins les plus éloignés, y produit s
effets les plus désastreux.

Dans les petites villes et dans les villag
de toute l'Espagne — quelques contrées (
littoral et bien peu d'autres exceptées — on
rencontre point le moindre élément de cultu
moderne.

Pour y arriver, les routes manquent,
quand on y est, les moyens de satisfaire l
nécessités les plus rudimentaires font défau

Les auberges — nous ne parlons pas d'h
tels — y sont à peine connues, et les établi
sements tels que cafés, cercles, etc., ne le so
pas du tout.

Quand on échoue dans quelqu'une de c
malheureuses localités, pour ne point couch
à la belle étoile ni mourir de faim, on n'a p
d'autre ressource que celle de s'adresser
M. le curé, en lui demandant l'hospitalit
comme cela se pratiquait en plein moy(
âge.

Si M. le curé est complaisant et bien d
posé, il vous permet de partager sa pauv
pitance et de vous reposer sur un grabat alla

de pair avec sa table. Et, cela étant, vous devez vous estimer bien heureux et le bénir, car sans lui vous étiez sans abri et obligé de fuir sans lest et harassé de fatigue.

Dans nos excursions, nous avons souvent dû à l'hospitalité d'un curé de village de n'être point forcé de vagabonder la nuit, brisé de lassitude et le ventre creux.

La main de l'administration publique n'atteint les petites villes et les villages que pour les exploiter.

Aucun agent protecteur ne s'y rencontre; mais les agents d'extorsion s'y voient souvent.

Le percepteur des contributions et des impôts y arrive avec une régularité désespérante, et toujours soigneusement muni d'ordres de saisie et d'exécution; avec la même régularité s'y montrent aussi les commissions pour le recrutement militaire qui enlèvent les jeunes gens pauvres, les soutiens des familles pour les fourrer dans les casernes.

Par contre, les débits de tabac et d'autres articles de la régie sont souvent fort dépourvus, même de timbres-poste, et le service de la correspondance ne s'y fait que d'une manière dérisoire.

Une seule citation sera plus éloquente que tout ce que nous pourrions écrire, pour donner une plus juste idée de l'état dans lequel on a plongé le pays.

Actuellement il y a l'énorme, l'incroyable total de CENT CINQUANTE MILLE propriétés saisies par l'État pour arriérés de payements de contributions, qui seront mises aux enchères par les agents du fisc.

Et ce n'est pas là le pire.

On parla un jour aux Cortès de cette énormité, mais MM. les députés de toutes nuances n'ont pas daigné s'en émouvoir; et la voix qui s'était élevée pour dévoiler solennellement cette monstruosité s'est perdue dans le vide.

MM. les politiciens de Madrid n'attachent pas la moindre importance à de pareilles bagatelles; ils préfèrent de beaucoup employer leur précieux temps à discuter pompeusement si la souveraineté nationale réside dans le souverain ou dans le peuple.

Quel sarcasme de souveraineté pour un

peuple qui a cent cinquante mille de ses propriétés saisies par le fisc!

On doit bien supposer que, dans un tel état
de misère, les populations des petites villes et
des villages ne connaissent aucun de ces bien-
faits superflus qui sont aujourd'hui la base de
la vie sociale chez les populations plus fortu-
nées sous le rapport administratif. Ainsi, l'é-
clairage public est un luxe qu'elles ne peuvent
point se permettre, et il en est de même pour
les autres services aussi rudimentaires.

Si quelque petite ville ou village est traversée par une rivière ou un ravin, les eaux tor-
rentielles s'écoulent à leur fantaisie, et si,
pendant la saison des pluies, elles produisent
des inondations, c'est affaire aux habitants de
s'en tirer comme ils peuvent, ainsi que de pourvoir aux moyens de traverser ces cours d'eau
permanents ou intermittents, car l'administration ne leur fournit ni ponts, ni passerelles.

Tout est encore à l'état nature dans nos
villages et nos campagnes, tout excepté la
liberté qui s'y sent encore plus étouffée que
dans les grandes villes.

Parce que, s'il est vrai que l'administration de nos politiciens n'arrive point jusqu'à ce endroits pour tout ce qui est utile, il est égale ment exact que leur poigne sait s'y faire senti pour leur causer des ennuis et des préjudices et pour les faire participer à leur œuvre de démoralisation générale.

Il existe même une *institution* tellemen espagnole que son nom — comme quel ques autres que nous avons fait remarque dans le cours de cet ouvrage — n'est tradui sible dans aucune autre langue européenne *El Caciquisme* (1), qui est répandu jusqu'au points les plus reculés de la nation.

Dans le plus petit village ou hameau, il n' manque jamais le *Cacique,* qui est le maîtr absolu de l'endroit.

Le cacique, pour peu important que soit l rayon de son action, a pour mission princi pale la farce électorale. Il doit assurer à soi chef hiérarchique, le *cacique* supérieur d

(1) Le *Cacique* était le petit tyran des anciennes peu plades de l'Amérique, lors de la découverte et de l conquête de cette partie du monde.

chef-lieu du district, — lequel à son tour doit prendre le même engagement vis-à-vis du gouverneur de la province, — que les élections se feront toujours au gré du parti dominant ; et cette sujétion lui fait donner carte blanche pour tout ce qui peut lui convenir.

Le *cacique* est toujours comme le seigneur féodal du « bon vieux temps », maître des *vidas y haciendas* (1) de tous ceux qui vivent dans le cercle de son action, de son autorité.

Il nomme et révoque tous les petits employés qu'il peut y avoir dans son district, et le premier effet de cette faculté est de pressurer ces pauvres commis et d'en tirer tout le profit que comporte la misère de leurs émoluments. En somme, il se livre à tous les tripotages qu'il peut, dans les limites de sa sphère.

Ainsi, par exemple, à l'époque de la conscription, quand le jour du tirage au sort approche, le cacique fait ses combinaisons avec les jeunes gens qui doivent subir l'épreuve, et ceux qui arrivent à se mettre d'accord avec lui sont certains d'avoir un numéro favorable.

(1) Vies et biens.

Par son influence locale, il arrange tout à sa fantaisie, selon ses désirs et son intérêt, et toute affaire qu'il protège est toujours menée à bonne fin.

Par de tels moyens, le cacique « fait sa pelote »; il voit sa fortune augmenter chaque jour, et tous les ans il acquiert quelque bon lopin de terre, de ces lots que le fisc ou le tribunal fait vendre aux enchères quand leurs infortunés propriétaires se trouvent ne plus pouvoir supporter les charges imposées par l'Etat ou ne pas payer quelque petite dette usuraire.

Car l'usure est une autre des grandes plaies qui minent et rongent notre campagne désolée.

Le pauvre campagnard ne jouit d'aucune institution utile ou protectrice : les banques agricoles et autres établissements de crédit foncier sont tout à fait inconnues dans nos contrées.

Et si, pour la face apparente, il y a à Madrid une pompeuse « Banque hypothécaire » jouissant des plus grands privilèges, elle n'est pas à la portée de nos modestes cultivateurs, qui, pour leurs besoins, pour leurs nécessités de tous les jours, n'ont d'autre ressource que de se livrer à des usuriers. A l'époque de l'ensemencement, par exemple, il leur est prêté un hectolitre de froment, à la condition d'en rendre trois, quatre ou même six au moment de la récolte, laquelle, par suite de ces charges énormes, au lieu d'être pour eux une source de joie et de prospérité, n'est que le commencement de leur ruine.

L'usurier, cela va sans dire, quand il n'est pas le cacique lui-même, est toujours une de ses créatures, et, quoi qu'il arrive, il a toujours raison devant l'administration et les tribunaux. Il peut ruiner à son aise tous ses voisins. C'est ce qu'il fait d'ailleurs avec la plus belle désinvolture.

Nous avons dit que la fierté d'hidalgo des régions dirigeantes avait élevé la sobriété au rang d'une sorte de religion nationale.

C'est dans la campagne que son culte se manifeste dans toute sa splendeur.

Les habitants des petites villes ou villages ne mangent presque pas.

La viande est à peu près inconnue à leurs estomacs, et le vin, même dans les contrées les plus vinicoles, n'est qu'une boisson de luxe.

Du pain, plus ou moins noir, et quelques fruits ou légumes assaisonnés d'un peu d'huile constituent la nourriture habituelle de nos campagnards.

Le seul luxe qu'ils se donnent, c'est d'avoir pour les jours de fête, un vêtement qui leur permette de se présenter à l'église ou sur la place publique d'une façon, à leur avis, convenable.

Qu'on n'aille point chercher dans nos campagnes le moindre mouvement intellectuel ou moral, on ne l'y trouverait pas : là règne la tranquillité la plus désespérante. On y sait fort bien que l'on ne peut rien espérer, et l'on n'y désire rien.

La chose publique n'a pas, pour les paysans le moindre intérêt, et ils s'en moquent, ainsi que des politiciens, qu'ils ne connaissent pas même de nom.

L'unique passion qui, dans quelques con

trées, les étreint et les émeut, c'est le fanatisme.

Quand le curé, du haut de sa chaire, tonne
contre les mœurs antireligieuses des grandes
villes, et proclame que la religion est en péril,
alors ils sont capables de prendre les armes
et de se laisser conduire au combat.

Par l'exploitation de cette passion unique,
on a pu allumer et soutenir les trois ou quatre
grandes guerres civiles qui nous ont désolés
depuis que nous sommes entrés dans le système pseudo-parlementaire.

Nos paysans sont sourds à tout autre sentiment.

Les quelques familles qui demeurent à la
campagne, dans les villages ou dans les petites villes, ne font que végéter. Leurs membres mangent, boivent, dorment, sans le moindrement se préoccuper de quoi que ce soit qui
ne se rapporte directement à leurs personnes.

Si vous pénétrez chez quelqu'une de ces familles, il vous sera impossible d'y trouver un
sujet quelconque de conversation qui ne se
réfère à la vie matérielle imparfaite qu'elles

mènent, à leur fanatisme, si le fanatisme règne dans leur sein.

Quand les fils de ces familles vont à la grande ville la plus proche, ils fréquentent les lieux de débauche et de vice : rien autre chose ne les intéresse. S'ils entrent dans quelque théâtre, ce sera toujours dans celui où le spectacle est le plus libertin : ils ne conçoivent pas que l'on puisse prendre goût et trouver quelque attrait à des choses purement d'ordre intellectuel ou moral.

C'est à la campagne que ce que nous avons affirmé dans un précédent chapitre, que notre nation est une nation prématurément vieillie et décrépite, peut le mieux s'observer.

Cependant, les individus qui la peuplent sont physiquement intéressants.

Les femmes, surtout dans les régions centrales et méridionales, par la régularité de leurs traits, par la finesse et le satiné de leur peau, l'abondance et le soyeux de leur chevelure, accusent l'une des variétés les plus parfaites de la race blanche.

Les hommes sont, en général, leurs dignes

compagnons, et aussi bien les physionomies des uns et des autres ont une expression vive et animée. Ils usent d'un langage élégant et poli que difficilement on rencontre dans les campagnes, même chez les nations plus cultivées.

Ces mêmes gens, nonobstant, vivent si pauvrement, si misérablement, et sont dominés tellement par ce fanatisme musulman qui ne leur permet de rien désirer ni espérer, que le visiteur ne peut se défendre à leur égard d'un sentiment de pitié.

Bien des fois, en traversant les steppes de la Castille, nous avons été saisi d'une impression étrange au contact de ces populations intéressantes. Dans leurs pauvres demeures, qui sont quelquefois des maisons, mais le plus souvent des baraques, — voire même des fosses creusées dans la terre, — ces braves gens nous recevaient très dignement, et ils s'exprimaient avec une pureté de langage que nombre d'habitants des grandes villes pourraient leur envier, quoique cependant ils ne pouvaient rien nous offrir : pas une chaise, car ils n'en avaient pas; pas même un verre d'eau, car souvent l'eau manque dans ces plaines arides et désolées! Rien que de bonnes paroles de politesse.

En ces occasions, nous avons médité, et nous avons compris la synthèse de l'histoire de l'Espagne depuis la Renaissance; cette histoire condensée et personnifiée par ces deux grandes figures de la littérature castillane : Don Quichotte, Don Juan Tenorio.

Ce peuple vieux et décrépit, mais qui conserve encore quelques restes des traits éclatants qui le distinguèrent dans sa jeunesse, n'est, à vrai dire, que le héros de la Triste Figure, vaincu et épuisé, revenu à la solitude de son hameau pour y attendre la mort avec indifférence, puisque la vie a perdu pour lui tous ses attraits depuis qu'il ne peut plus se livrer à ses exploits de chevalerie. Il n'est que ce Don Juan qui, après avoir fait trembler l'Italie et la Flandre, et tous les pays qu'il a parcourus dans sa jeunesse, en laissant à son pays une stèle de douleur et de remords, expie ses grandes fautes par une vieillesse prématurée, sans autre soulagement que le souvenir des larmes qu'il a fait verser, des ruines qu'il a semées partout.

Tel est aujourd'hui le peuple des régions dirigeantes de l'Espagne.

Il dépensa toute la vigueur, toute la sève de la jeunesse en aventures bruyantes ; il se battit avec tout ce qu'il rencontra sur son chemin, comme le héros de Cervantes, sans jamais songer à tirer de la victoire d'autre profit que la satisfaction chevaleresque. Ses amours, comme ceux de Don Juan, parcoururent toute l'échelle sociale, depuis la « princesse altière » jusqu'à l'humble « fille du pêcheur »; mais tous ces exploits passèrent vite. Sa virilité s'épuisa, et quand, après avoir pris un repos forcé, il voulut se relever, il s'en sentit incapable.

Avant le temps naturel, il était tombé dans la décrépitude.

Et cet état de décrépitude durera longtemps, puisque nos gouvernants, loin de faire des efforts pour y porter remède, ne semblent avoir d'autre but que celui d'empirer son mal,

en augmentant son « indifférentisme » pa
l'immoralité, et en substituant, partout où il
le peuvent, au fanatisme le scepticisme le plu
négatif.

XIV

LA VIE MATÉRIELLE

Voyons, maintenant, quelles sont les ressources du pays ; voyons quels sont ses moyens d'existence, de vie.

Commençons par l'étude de l'origine des grandes fortunes, puisqu'au milieu de la misère générale, quelques richards lèvent leurs têtes superbes — comme ces pyramides imposantes mais stupides, au milieu du désert égyptien.

Si nous arrivons à développer cette thèse de l'origine de ces grandes fortunes, nous aurons trouvé, sans doute, la première des ressources du pays.

14.

Avant tout, nous devons définir ce que nous entendons par grandes fortunes. Parmi nous, une grande fortune est celle qui dépasse cinquante millions de francs. Il y en a un certain nombre de ce calibre, et pourtant, nous devons les examiner et en faire l'autopsie. Nous ne serons obligé de nous donner grand'peine pour en rechercher l'origine, car elle est la même pour tous les cas, sans exception.

Il n'y a pas en Espagne une seule personne qui ait réuni une de ces opulentes fortunes par le commerce naturel et de bonne foi, ni par l'industrie légitime. Tous ces Crésus, tous, qu'on l'entende bien, ont amassé leurs capitaux en traitant avec l'État : soit en lui prêtant de l'argent, soit comme entrepreneurs des services de l'administration générale.

Veut-on des exemples ?

Le richard Manzanedo, qui mourut il y a quelques années, avait gagné les douzaines de millions qu'il laissa à ses héritiers dans des affaires avec l'État.

Antonio Lopez, à la mémoire de qui des flatteurs ont érigé une statue au milieu d'une des places publiques de Barcelone, réunit les cent ou cent cinquante millions de francs qu'il comptait à sa mort par la subvention de l'État à sa flotte transatlantique de bateaux à vapeur, et à l'aide des contrats qu'il passa avec l'administration pour le transport des troupes pendant la guerre séparatiste de Cuba.

La fortune Lopez présente un des exemples les plus frappants de la formation de telles richesses.

Son total, à la mort de son possesseur, représentait presque exactement le montant des subventions qu'il avait reçues publiquement de l'État, circonstance qui dit éloquemment combien ces subventions étaient ruineuses pour le pays et inefficaces pour son avancement et son progrès.

Avant les deux que nous venons de citer, les grands richards de l'Espagne avaient réalisé des fortunes par les mêmes moyens, employés surtout pendant les périodes de nos grands malheurs et de nos guerres civiles.

Actuellement, nous avons comme grands richards entr'autres le marquis del Campo, dont les millions sont sortis principalement de contrats avec l'État pour la fourniture des tabacs;

M. Emmanuel Girona, de Barcelone, constructeur des voies ferrées subventionnées, et qui, parmi ses exploits, dota la ligne de Saragosse à Barcelone, dans les plaines de l'Aragon, d'un développement inutile de quelques douzaines de kilomètres qu'on lui paya de deux cent à deux cent cinquante mille francs chaque;

Salamanque, le splendide millionnaire prédécesseur de ces deux derniers, qui jetait les millions par les fenêtres quand il donnait une fête, et dont les prodigalités sont restées célèbres dans le pays, ne s'occupait pas d'autres affaires que de celles dans lesquelles l'État était partie intégrante.

De tels moyens d'acquisition donnent aux possesseurs de semblables fortunes un esprit d'effronterie et d'orgueil inconcevable.

Un créancier de M. le marquis del Campo, par exemple, ayant eu l'audace grande de le déférer aux tribunaux pour obtenir le légitime remboursement d'une petite somme, eut la stupéfiante surprise d'apprendre que le *pauvre* marquis ne possédait aucuns biens, ni meubles, ni immeubles, sur lesquels on pût opérer saisie. Le lit même dans lequel il couchait, et les chaises de sa maison ne lui appartenaient pas, selon le résultat de l'enquête : ils étaient empruntés ou loués ; et la justice fut impuissante à faire payer cette dette insignifiante à ce créancier de l'un des plus opulents capitalistes de l'Espagne.

Les moyens à employer pour faire de telles fortunes ne sont pas aussi compliqués qu'on le pourrait supposer.

Il suffit presque uniquement à celui qui veut y arriver de bien posséder l'art de manier habilement le tripotage.

Et tous ces fervents du million le manient à merveille, il faut le confesser.

L'un, par exemple, nomme pour son avocat assesseur M. un tel, chef d'un des partis madrilènes, et lui assigne une pension splendide, quelquefois de cinquante, de cent, même de deux cent mille francs par an.

Le même, ou un autre, crée une grande entreprise, et son premier soin est de répartir entre les grandes figures de la politique madrilène quelques milliers d'actions libérées, bien entendu, et de faire nommer ces mêmes personnages membres du conseil d'administration, avec des honoraires annuels de quelques milliers de francs. Mais il ne faut pas qu'on s'imagine que ces *libéralités* soient suffisantes. Non! chaque fois que le richard combine une nouvelle affaire, le pot-de-vin doit également se renouveler, et son montant doit toujours être proportionné à l'importance du négoce.

Après ces grandes fortunes viennent celles qui se sont formées, par des moyens semblables, dans les colonies que nous avons encore.

Chez nous, la qualification d'*Indien* ou d'*Américain* est synonyme de riche, car nos compatriotes qui vont tenter fortune en Amérique ou aux Philippines ont l'habitude de revenir à la Péninsule pour jouir, en rentiers, du produit de leurs opérations.

Lorsque, il y a encore quelques années,

'esclavage était dans toute sa vigueur dans les colonies d'Amérique, l'exploitation du travail des nègres était une source féconde de gros produits.

Les villes les plus florissantes de l'Espagne doivent une grande partie de leur prospérité aux capitaux amassés en Amérique par ce moyen et importés ensuite à la Péninsule.

La partie nouvelle de la ville de Barcelone, de laquelle ses habitants se vantent avec fierté, est en presque totalité due aux *Indiens* et *Américains* qui, pendant la guerre de Cuba et la grande crise qui fut sa conséquence, réalisèrent des fortunes et vinrent s'établir parmi nous.

Quand on parcourt les larges et longues voies, baties seulement à moitié, de la Barcelone nouvelle, on peut admirer les constructions fastueuses et élégantes qui les bordent; eh bien! sur dix de ces maisons, il n'y en a peut-être pas une dont le propriétaire se soit enrichi dans le pays, par le commerce laborieux ou l'industrie. Les « nababs », retour d'Amérique, et quelques parvenus de la Bourse

constituent la grande majorité, ou mieux en
core, la presque totalité des possesseurs d
ces somptueux immeubles.

Après ces grandes fortunes ayant pour bas
les affaires avec l'État et celles moins consi
dérables réalisées aux colonies, nous en voyon
apparaître de plus réduites dues au jeu de l
Bourse. Ces fortunes-là, il est vrai, sont auss
peu constantes que les flots de la mer, auss
peu fixes que les sables de ses plages.

Comme tous les joueurs, les boursicotier
de notre pays, pendant le cours d'un mêm
trimestre, peuvent passer de la misère à l'opu
lence, pour recommencer cette fluctuatio
magique le trimestre suivant.

La Bourse, en effet, est devenue une de
notes caractéristiques de notre état social.

Une anecdote à laquelle fut mêlé l'auteu
de ces lignes pourra donner une idée plu
précise de son organisation.

Pendant cette époque fiévreuse de fureu
boursatile qui s'empara de toute l'Europe fi
nancière il y a cinq ou six ans, la Bourse espa
gnole, ne voulant pas rester en arrière, s'agit

de telle sorte qu'elle dépassa toutes les autres dans cette orgie de millions qui grisait toutes les têtes et qui hanta le cerveau du plus grand nombre pendant quelques mois.

A Madrid, à Barcelone et dans les autres grandes villes de l'Espagne, il se forma des douzaines de Sociétés et Compagnies à capital fantastique, dont le total apparent aurait pu couvrir, et au delà, l'indemnité de guerre payée à l'Allemagne par la France, après la dernière guerre.

Une seule de ces Sociétés créées à Barcelone et à Madrid avait un capital nominal supérieur de quelques millions de francs à celui de la Banque de France, à celui de la Banque d'Angleterre; et alors messieurs les boursiers, boursoufflés de vanité, ne se contentant plus du palais — splendide pourtant — dont ils disposaient, en voulurent un spécial; et ils se firent construire un luxueux édifice pour y tenir la petite Bourse, en le dotant de toutes les superfluités du goût le plus raffiné.

Or, un jour — et c'est l'anecdote annoncée — mû par un simple sentiment de curiosité, nous nous dirigeâmes vers le nouveau palais pour le visiter.

Le président de la Société qui le possède eut l'amabilité de nous accompagner, et, après nous avoir fait parcourir le grand salon d'affaires, la non moins grande salle de liquidations et le coquet cabinet réservé pour les séances du Comité, il nous introduisit dans une vaste pièce destinée aux jeux de cartes et de société, et nous fûmes fort surpris de voir que toutes les tables préparées étaient inoccupées.

Nous adressant alors à notre cicérone, nous lui demandâmes si, parmi ces messieurs, il n'y avait pas d'amateurs du jeu de *tresillo*.

— Il y en a, et en grand nombre, — nous répondit tout naturellement l'interpellé ; mais, ajouta-t-il en souriant, on ne joue pas, parce que généralement les parties ne peuvent pas se soutenir jusqu'au bout. On commence par jouer fort, et bientôt les moyens des joueurs font défaut.

— Et qu'entendez-vous par jouer fort ? — interrogeâmes-nous.

— Ils jouent à vingt-cinq centimes, même à cinquante centimes le point.

— C'est-à-dire, — fîmes-nous en l'interrompant, que pendant le cours d'une partie ordinaire, on peut arriver à perdre cinquante, cent et jusqu'à cent cinquante francs.

— C'est évident! et vous comprendrez le motif pour lequel ces tables sont désertes.

En entendant cela, nous ne pûmes retenir un bruyant éclat de rire qui troubla quelque peu notre interlocuteur, car il se rendit compte de notre pensée et de la situation dans laquelle il s'était placé.

— C'est-à-dire, fîmes-nous enfin sans y prendre garde et en manière d'épilogue, que ceux-là qui, dans le grand salon, en paroles, jouent délibérément des millions nominaux, ne disposent pas de la misérable somme nécessaire pour jouer ici une centaine de francs en réalité! Ceci, cher monsieur, nous donne la synthèse de votre Bourse!

Telle est, en effet, la Bourse en notre pays.

Non seulement elle est, comme partout ailleurs, un jeu, mais elle ne semble reposer sur rien, car les données, les éléments de ce jeu sont, pour la plupart, imaginaires. Notre mouvement boursatile est, en apparence, d'une importance fantastique : des millions et des millions par jour; parfois il surpasse celui des Bourses de Londres et de Paris; tandis que, réellement, cela se réduit à bien peu de chose.

Nombre de gens qui journellement manient des millions — en chiffres — au bout de bien des années de ces opérations chimériques n'ont jamais vu seulement un seul titre, une seule feuille de papier représentant ces valeurs sur lesquelles ils jouent.

Pour favoriser cette comédie financière, à notre Bourse de Barcelone, qui, avec celle de Madrid, est la plus importante d'Espagne, on n'attend pas la fin du mois pour faire les liquidations : on les fait quotidiennement au jour le jour, et, par ce moyen, le pauvre diable qui ne dispose que de quelques écus peut se donner l'illusion de vendre et d'acheter des millions.

En outre, et dans ce même but de favoriser le manège, lorsqu'une baisse subite se mani-

teste, afin d'empêcher une banqueroute générale des joueurs, le comité directif use d'un
moyen des plus simples : il tranche radicale-
ment la difficulté probable en ordonnant, par
un arrêté, la fermeture du local et en fixant
un type supérieur au type réel pour la liquida-
tion des opérations. Celles-ci se liquident
aussi bien que possible. L'éclipse de différen-
ciers débiteurs n'est point totale, et la faillite
ne prend pas un caractère général ; puis le
temps passe, la machine se remet en mouvement et le jeu continue aussi *régulièrement*
que précédemment.

Notre Bourse, on le voit, est aussi originale
que le reste de nos institutions. Mais, malgré
— ou peut-être à cause — de son originalité,
elle est un grand fléau pour le progrès de notre travail et de nos industries.

Les facilités accordées aux joueurs, exploitées habilement par les meneurs de la farce,
sont une tentation constante et perfide.

Le pauvre bourgeois qui, à force d'économie
et de labeur constant, est parvenu à réaliser
une épargne de quelques centaines ou de quel-

ques milliers de francs, est vite découvert, sollicité et harcelé par ces meneurs toujours en éveil et à l'affût de la proie naïve, et il est bien difficile qu'il puisse se soustraire à l'attrait fascinateur des promesses dorées qui lui sont faites. On lui fait un tableau troublant des facilités de devenir riche promptement; on lui cite les quelques heureux qu'une chance insolente a favorisés; mais on se garde bien de lui parler des innombrables infortunés que le sort a ruinés; et, s'il se laisse aller, s'il consent à essayer la veine, il est perdu : ses épargnes peuvent être aussitôt considérées comme devenues la propriété des tentateurs.

Grâce en grande partie à cette organisation de notre Bourse, notre agriculture est expirante, et notre industrie mène une vie languissante et maladive.

Le peu de capital qu'il y a dans le pays, au lieu d'aller alimenter des entreprises solides et fécondes, — mais qui ne produisent qu'un intérêt modeste, — va se jeter vers ces opérations malsaines aux résultats scintillants mais fictifs.

Les capitalistes n'ignorent souvent pas que ces exploitations d'agio ne sont pas sérieuses ; mais chacun d'eux espère qu'il pourra tirer son épingle du jeu, qu'il ne sera pas le dernier accroché et qu'il aura le temps de *cargar el muerto a otro*.

D'ailleurs, pour ceux qui désirent rencontrer plus de solidité présente, il y a la ressource de se renter sur le papier de l'État.

Ils perçoivent des intérêts de 7 ou 8 pour 100 ; et comme ils savent que nos gouvernants sont disposés à sacrifier aux intérêts de la Bourse et des rentiers de l'État toutes les ressources de la nation, ils dédaignent les entreprises sérieuses industrielles ou agricoles, et ils s'en éloignent comme de la peste.

Après tout ce que nous venons de dire, on ne doutera pas que le commerce de bonne foi et l'industrie sont, dans notre pays, les moyens les moins sûrs et les plus indirects pour arriver à la richesse.

Les fortunes les plus importantes gagnées de cette façon honnête et rationnelle, sont bien au-dessous de celles amassées par les contrats avec l'État, à l'aide du tripotage, par l'exploitation de l'esclavage ou par l'agio.

Les plus grandes manufactures cotonnières de la Catalogne, c'est-à-dire les plus grandes de l'Espagne, ne dépassent pas cinquante mille broches; elles appartiennent ordinairement à des compagnies, et une fabrique de cette importance ne suppose pas un capital supérieur à quatre ou cinq millions de francs. Et les quelques rares industriels qui sont arrivés à posséder un tel capital, restent bien en arrière des richissimes tripoteurs, exploiteurs, agioteurs et farceurs dont nous avons parlé plus haut.

Nous avons dit que l'industrie mène en Espagne une vie languissante et maladive.

Pour le démontrer, il n'y a qu'à fixer ses regards sur les branches principales.

L'industrie minière, c'est-à-dire la source d'une des richesses naturelles les plus solides de l'Espagne, est, en grande partie, en des mains étrangères et exploitée par des capitaux étrangers.

Les grandes mines de Rio-Tinto, d'Almadon, de Somorostro, etc., etc., ne sont presque que des colonies anglaises ou belges, allemandes ou françaises.

Leurs propriétaires sont des grands industriels de ces pays-là, lesquels envoient des ingénieurs et même des contre-maîtres pour diriger et conduire les travaux d'extraction et de préparation du minerai.

L'Espagne leur fournit seulement les manœuvres, dont le maigre salaire se trouve être l'unique chose que gagne le pays. Et il ne peut pas en être d'autre manière, puisque toutes les industries transformatrices des minéraux, mêmes celles du fer et de l'acier, n'existent en Espagne qu'à l'état rudimentaire.

Tout le matériel de nos huit mille kilomètres de chemins de fer; tous nos bateaux en fer, acier ou composés; une grande partie de nos moteurs à vapeur et à gaz, et même presque tous les métiers de nos manufactures de tissus et de nos filatures de cotons et de laines, nous viennent de l'étranger.

Toutes les machines à vapeur de l'industrie catalane brûlent des charbons anglais:

nos mines houillères qui pourraient fournir une production abondante n'étant exploitées que d'une façon absolument insuffisante,

L'unique centre manufacturier important de l'Espagne est Barcelone et sa province.

Sa branche la plus intéressante est l'industrie cotonnière qui compte aujourd'hui deux millions de broches, à peu près, et consomme, en chiffres ronds, deux cent mille balles de coton par an. L'industrie lainière vient ensuite, mais dans des proportions d'importance bien inférieures.

On peut évaluer à soixante-dix à soixante-quinze mille le nombre des travailleurs formant la grande famille manufacturière de la province de Barcelone. On peut donc déduire de ces données, que nous avons, en notre pays, un des centres manufacturiers les plus importants du continent européen.

Malheureusement, cette industrie est languissante et maladive, ainsi que nous l'avons précédemment démontré. En effet, elle ne peut vivre qu'à l'aide d'une très forte protection douanière, et chaque modification qu'on fait subir aux tarifs lui fait ressentir une secousse qui arrive parfois à menacer sa propre existence.

Notre grand centre industriel ne connaît pas l'exportation.

Il n'a de débouchés que dans les régions agricoles de l'Espagne et dans une partie des colonies, car il ne peut pas supporter la concurrence.

Notre fabrication produit bien l'article ordinaire et courant ; mais pour le superfin et le supérieur, elle n'a pas encore atteint la perfection.

En dépit de tout cela, notre centre industriel est encore l'unique oasis de travail et de bien-être qu'il y ait en Espagne.

Barcelone, avec une population qui excède de peu la moitié de celle de Madrid, le dispute à la capitale pour l'importance économique. Notre travail, quoique entravé par la Bourse et par toute l'engeance officielle, nous produit plus de résultats que la politique, le tripotage et toutes les autres *industries* madrilènes.

En Catalogne, on a quelque idée du confort, même dans les petites villes et jusque dans les villages les plus éloignés.

Sans les contrariétés dont nous sommes les incessantes victimes, notre région serait une contrée que l'on pourrait bien classer parmi les autres de l'Europe centrale.

Quant à l'agriculture, qui constitue l'unique moyen de vivre de la grande majorité des Espagnols, nous pourrons résumer son état en peu de mots.

Elle est restée en arrière de deux ou trois siècles, et elle ne réussit qu'à pourvoir à l'existence misérable d'une population sobre et ignorante d'une façon frugale toute primitive.

Excepté les quelques oasis dont nous avons parlé, comme les environs de Valence, Malaga, Murcie, Barcelone, Tarragone, etc., etc., le reste du pays, ou reste presque inculte, ou est cultivé comme il l'était par nos aïeux.

Dans quelques endroits on emploie encore les mêmes procédés d'irrigation dont se servaient les Maures, et on doit un grand merci à cette tradition conservée, car sans cela, les rares cours d'eau utilisés poursuivraient leur chemin jusqu'à la mer sans être le moindrement troublés par la main de l'homme.

Cette sorte de désert au sol jaunâtre dont nous avons déjà parlé, occupe les deux tiers de l'Espagne.

Dans ces contrées désolées, on cherche en vain un arbre, et il ne faut penser à y voir augmenter la fertilité.

On y sème du grain d'une façon tout à fait primitive, et, si la nature y consent, on arrive à faire une récolte médiocre, ce qui a lieu seulement chaque deux ou trois ans.

Cependant, depuis quelques années, le malheur qui frappa nos voisins a provoqué un relèvement momentané de notre agriculture, et l'exportation des vins nous a procuré une ressource sérieuse, depuis que le phylloxera et autres plaies ont anéanti une grande partie des vignobles en France et dans quelques autres pays vinicoles.

Sans cette circonstance, notre ruine serait complète; mais, hélas! cette même circonstance nous a causé bien des malheurs par le fait de nos directeurs politiques.

Toujours prêts à se servir de tout pour l'exploitation du pays à leur profit, ils ont observé que l'exportation des vins, devenue accidentellement si importante, nous produisait des millions ; ils en ont tiré la conséquence que nous étions très riches et que nous le deviendrions plus encore si nous pouvions mieux profiter de la disposition de nos terrains pour la culture de la vigne.

A cet objet apparent, ils ont tout sacrifié : notre industrie, nos manufactures, même les branches de notre agriculture autres que celle du vin, et, en chargeant d'un côté les impôts et en contractant, de l'autre, des traités de commerce ruineux, ils ont replongé le pays dans une situation précaire.

Pour comble de malheur, toutes ces dispositions, loin de favoriser l'exportation des vins, l'ont plutôt entravée, et, si une cause quelconque vient la paralyser davantage, la perspective est la misère.

Au signe éloquent de misère qui reporte à ce que nous avons dit dans un précédent chapitre au sujet des cent cinquante mille propriétés, agricoles en majeure partie, devenues la proie du fisc, il apparaît un autre point sombre et fatal : notre état monétaire actuel.

Pour la face apparente, nous avons comme système monétaire les deux talons : l'or et l'argent ; pour la face réelle, nous n'avons que la circulation forcée du papier monnaie. En effet, il n'y a pas dans toute l'Espagne une seule pièce d'or en circulation.

Toutes les transactions se soldent en billets de la banque d'Espagne ; la paie des ouvriers se fait également en billets.

L'argent, qui ne vaut pas le prix qu'il représente, devient de jour en jour plus rare, et le billet commence à être déprécié.

Le change avec les pays étrangers ne se fait qu'en subissant une perte de deux à trois pour cent, et ce n'est pas dans la balance commerciale que se trouve l'origine de cette perte, mais bien dans le manque absolu d'or dans le pays.

Par contre, si vous payez en or espagnol, la perte disparaît, puisque l'on vous accorde la même prime pour lui que pour l'or étranger, si vous le convertissez en billets de la banque d'Espagne.

Toujours les deux faces bien distinctes dan
toutes nos choses !

La face apparente, qui nous présente comm
un peuple bienheureux et bien régi; la fac
réelle, qui, lorsqu'on soulève le voile qui l
couvre, laisse voir toute la misère qui nou
envahit.

En cela se résume l'habileté des meneur
politiques qui pèsent sur le pays !

Et ils parviendront à l'accabler.

Toutes les manifestations de la vie maté
rielle : l'agriculture comme l'industrie, le com
merce comme la navigation ont besoin d'un
protection efficace des pouvoirs publics, et son
réellement protectionnistes.

Aussitôt que l'on touche au tarif protecteu
de l'industrie, les intérêts industriels se son
tent menacés et ils élèvent leur voix de pro
testation.

Alors, on fait apparaître les intérêts agri
coles ou commerciaux auxquels on insinue qu
l'industrie est leur antagoniste.

Par ce moyen, on donne un coup mortel
l'industrie. Mais il ne se passe pas longtemp

sans que la même menace surgisse de nouveau, dirigée alors contre quelque branche de l'agriculture.

C'est alors le tour des intérêts agricoles de réclamer protection, et, par le même système, on leur oppose les intérêts commerciaux ou industriels.

Par ce moyen machiavélique, en « divisant pour vaincre » on consomme sûrement la ruine du pays ; et sur cette ruine se lève toujours radieuse, la capitale ! La capitale qui sacrifie tout à sa propre splendeur et à la commodité de ses fortunés habitants, qui se sont faits à l'illusion que tout le monde qui travaille doit contribuer à la satisfaction de leurs caprices et pourvoir à leur bien-être, parce qu'ils sont une race supérieure, une sorte de seigneurs féodaux, ayant des droits acquis sur tout le reste de l'humanité qui est assez sotte pour se rompre la tête et travailler pour le progrès.

Et c'est la pauvre nation qui en est la victime ; et c'est pour ces raisons que sa vie matérielle est pauvre et misérable, ainsi que nous venons d'essayer de la dépeindre.

XV

LA VIE INTELLECTUELLE ET MORALE

Quand on arrive à Madrid, on n'entend parler que de la vie intellectuelle et morale du « cerveau de la nation ».

On la vante sur tous les tons et en toutes circonstances.

Nos orateurs sont les meilleurs du monde ; nos poètes sont sans pareils ; nos littérateurs sont supérieurs à tous leurs confrères des deux hémisphères.

« L'Athénée » de Madrid croit sérieusement qu'il constitue la société la plus savante de l'Europe, et tout Madrilène de pur sang jure et par-jure que ses grandes figures sont uniques et n'ont pas leurs semblables dans n'importe quelle autre ville ou nation du monde.

Nous n'avons ni le temps ni l'espace pour nous livrer à une étude approfondie de notre vie intellectuelle; nous devrons nous borner à en indiquer les traits les plus saillants.

Pour ce qui est des orateurs, nous avouerons, de fort bonne grâce, qu'ils sont peut-être du monde entier ceux qui ont le plus de verbosité et de facilité d'élocution.

Le prototype du genre, Castelar, quoique déjà un peu déchu, conserve encore une forme d'expression très séduisante. Quand on connaît bien la langue dans laquelle il s'exprime, et qu'on l'entend commencer ces longues périodes pleines de vie et de mouvement, dont les phases incidentes s'accumulent et arrivent à un tel point d'acuité confuse qu'il semble impossible d'arriver à les dénouer, et qu'ensuite on voit l'orateur tout à coup les condenser toutes dans un trait final éclatant et débordant de lumière, les bravos sortent spontanément des lèvres, et les mains se joignent

instinctivement pour applaudir avec enthousiasme.

Tous les éléments brillants concourent à
cet effet magique, puisqu'il les emprunte à
toutes les branches de la science et de l'art.

Tout est mêlé dans ces périodes : l'histoire,
la philosophie, la physique, la chimie, et rien
ne se confond, et tout sert pour produire des
contrastes frappants, exprimés toujours ma-
gnifiquement.

Mais aussitôt que l'écho même de cette musique s'est tu, que reste-t-il de ces brillants
discours ?

Quand, assistant à une séance de la Chambre ou du Sénat, on a entendu quelqu'une de
ces harangues prononcées par un de nos
meilleurs orateurs, et que le lendemain matin, on en lit le texte dans les journaux,
l'effet diminue de la moitié au moins.

Mal inspiré sera celui qui voudra relire la
chose quelques mois ou seulement quelques
semaines après !

Il n'y trouvera plus alors que la verbosité,
le bavardage fastidieux, et la facilité d'élocu-

tion outrée par le conventionalisme. Toute qualité de fond, entrevue parfois à l'audition, disparaît à la lecture, et à l'enthousiasme succède une espèce de découragement.

On n'y voit plus rien que quelques citations historiques, souvent inexactes, et quelques lieux communs scientifiques, démodés pour quiconque est au courant du mouvement intellectuel du monde cultivé.

La parole d'or n'est plus que... *platine.*

Le mouvement scientifique n'est aujourd'hui même, en grande partie, que le reflet de celui de la France et de l'Italie, par la simple raison que les langues de ces nations étant sœurs des langues espagnoles, le travail de traduction est plus facile, et se trouve — bien ou mal — plus à la portée de la majorité de ceux qui veulent se donner des airs de science à outrance.

Les idées allemandes, en dépit des efforts de quelques individualités isolées, dont un bon nombre peut-être ne possèdent même pas la langue de Schiller, ne sont pas populaires parmi nos *savants.*

Aussi voyons-nous que, dans tous nos établissements d'éducation, depuis les écoles primaires jusqu'à l'Université centrale de Madrid — puisque Madrid seule jouit du privilège de posséder une université supérieure aux autres, l'unique, d'ailleurs, qui délivre des diplômes de docteur, — dans tous nos établissements scolaires, disons-nous, tous les éléments d'étude proviennent de l'étranger, soit en texte original, soit en traduction.

Dans la plupart de nos écoles élémentaires, les tableaux d'histoire sacrée, d'histoire profane, d'histoire naturelle, sont les mêmes que ceux qui étaient en usage, il y a vingt ans, dans les écoles françaises, et les livres d'étude ne sont que des adaptations de ceux des Lycées et des Universités français.

Et quelles adaptations, quelles traductions parfois !

Comme les professeurs-auteurs n'avouent pas qu'ils ont traduit l'ouvrage qu'ils présentent et qu'ils enseignent, et qu'ils le donnent généralement comme étant de leur cru, ils sont obligés, pour masquer la supercherie, de faire quelques modifications de l'original ; et, dans ces petits changements, on trouve souvent des absurdités stupéfiantes, des bêtises frisant le cocasse.

En dehors de ces traductions, confessées ou non confessées par les auteurs, notre mouvement scientifique est presque nul. Mais, dans cette branche aussi, nous prêtons matière à la ressource des « deux faces ».

Pour la « face apparente », nous possédons un grand nombre d'établissements : académies et sociétés savantes, à Madrid et dans les autres villes de quelque importance, établissements qui chaque année donnent de pompeuses séances inaugurales.

Pour la « face réelle », si l'on tire la quintessence de ces séances et des discours qui les ont remplies, on retrouve tout ce que l'on a pu lire dans les revues de Paris, de Bruxelles ou de Rome, orné de cette parure de conventionalisme vaniteux qui ne peut manquer dans aucune des manifestations de notre vie nationale.

Il y a en Espagne, cela est indiscutable,

un certain nombre de véritables savants, ς
sont au courant du mouvement scientifiq
actuel et qui correspondent brillamment av
les savants — leurs collègues — des natio
les plus éclairées; mais — et cela est au
indéniable — ces savants ne forment pas
ensemble, et ils ne produisent une éc
nationale dans n'importe quelle branche de
science. Ils vivent ordinairement isolés,
bien souvent même ignorés, surtout de M
drid. Car, règle générale, ils végètent, re
gués dans le coin d'une province, et, si
savants étrangers les tiennent en considé
tion très grande, leurs compatriotes n'en f
point le moindre cas.

Les quelques ouvrages qui ont pu méri
l'honneur de la traduction en des langu
étrangères ne sont pas œuvres de savai
officiels.

L'existence de ce petit nombre de savai
est une exception qui confirme la règle.

Nous avons dit et nous croyons avoir prou
que notre nation est, malheureusement, u
nation en décrépitude. Or, les êtres décrép

ne se distinguent point, d'ordinaire, par la vigueur de leurs élucubrations. Il est donc presque naturel que notre vie scientifique soit non seulement pauvre, mais même misérable.

Une sorte de faiblesse chronique pèse sur nos intelligences, et c'est ce qui les rend incapables de grandes conceptions.

Nous en avons une preuve évidente dans ce fait que, bien que l'Espagne soit le pays classique des avocats et des théologiens, elle n'a produit, de nos jours, un seul ouvrage marquant de droit, ni de théologie.

Nos facultés et nos séminaires, même pour l'enseignement, ont recours à des traductions.

Si nous voulions pénétrer dans le domaine des beaux-arts et des lettres, nous trouverions, il est vrai, quelques exceptions à la règle générale de notre pays, et nous pourrions lui décerner quelques éloges. En effet, chez les êtres en état de dégénérescence, les facultés qui se conservent le mieux sont les facultés d'imagination. Nous avons donc pu produire quelques peintres et quelques sculpteurs de premier ordre, et peut-être sommes-nous en train de fonder, sous ce double rapport, une école vraiment nationale.

En fait de musique, nous présentons le phénomène inexplicable de n'avoir rien produit, en dépit d'un goût populaire inné, et quoique possédant, comme nous les possédons, des trésors merveilleux de musique sacrée ancienne et dans la plupart de nos régions des chants populaires d'un caractère sans égal (1).

Pour ce qui est de la littérature, nous avons toujours eu, surtout en poésie, un bon nombre d'écrivains ayant su mériter, non seulement dans la Péninsule, mais dans toutes les contrées de l'Amérique où se parle la langue castillane, la faveur du public.

En réalité, de l'ancien empire espagnol sur lequel « le soleil ne se couchait jamais », l'unique chose qui nous soit restée est l'autorité littéraire.

(1) Un musicien catalan très érudit, don Felipe Pedrell, a soigneusement recherché et réuni, en les annotant à la moderne, nombre de ces chants populaires et de ces exquises compositions de musique sacrée, qui forment un recueil des plus curieux.

L'Académie Espagnole, malgré ses défauts et ses légèretés, est l'unique de nos institutions qui étende sa juridiction sur les deux hémisphères.

Mais une étude, même légère, de la littérature et des beaux-arts espagnols n'entre pas dans le cadre de ce livre, dont l'objet n'est que de dépeindre l'Espagne que l'on ne connaît pas, et non l'Espagne connue.

Les compositions littéraires et les œuvres d'art se présentant toujours telles qu'elles sont, toute l'habileté de nos meneurs n'a pu les dénaturer et les faire apparaître devant l'étranger sous une face superficielle et contraire à la vérité.

Nous ferons, cependant, observer que, pour juger sainement de notre vie artistique et littéraire, il ne faut pas s'en tenir aux spécimens émanant des coteries de Madrid et préconisés par leurs journaux comme l'expression de toute l'Espagne; car, à côté même de la littérature et des arts surnommés nationaux parce qu'ils se produisent en Castille, il y a les littératures et les arts régionaux, dont partie a déjà acquis une importance au moins égale aux arts et aux littératures « nationaux ».

La renaissance régionale, le réveil de certaines contrées du pays s'est manifesté précisément par les arts et les lettres.

En Catalogne, par exemple, notre renaissance actuelle, déjà puissante, compte plus d'un quart de siècle de vie prospère, et elle a produit, dans toutes les branches de la littérature, sous la forme poétique ainsi qu'en prose, des œuvres dignes d'être universellement connues.

En ce moment même, on prépare à Barcelone une grande fête commémorative de la fondation du théâtre catalan contemporain et en l'honneur du poète Frédérich Soler, dont l'œuvre se compose déjà de plus de cent pièces théâtrales, drames et comédies.

Signe caractéristique, les meneurs de Madrid, ne pouvant empêcher ces manifestations de la vie régionale, se sont imposé la consigne de faire le vide autour d'elles, consigne à laquelle toutes les coteries obéissent scrupuleusement.

On n'en parle jamais dans leurs journaux, et si quelqu'un ose en dire un mot en public, quand même ce serait pour les combattre avec acharnement — comme ce fut le cas pour le discours d'inauguration du président de l'Ateneo de Madrid, le poète Nuñez de Arce — cet audacieux est voué à l'exécration de tout Madrid bien pensant.

Heureusement les renaissances régionales sont plus connues et mieux appréciées à l'étranger qu'au sein de la capitale, et les noms de leurs promoteurs, littérateurs ou hommes de science ou d'action, reçoivent au delà des frontières les marques d'estime et de considération qui leur sont refusées dans leur patrie.

Si tel est l'état intellectuel des classes dirigeantes, on se peut faire une idée de ce que doit être celui de la masse du pays.

Nous l'avons dit déjà dans un chapitre précédent : il est assoupi et victime d'une décrépitude prématurée.

Il faut cependant avouer que le nombre des écoles primaires et supérieures a bien augmenté, et que, sous ce rapport, nous n'occupons pas, en Europe, le dernier rang ; mais ce progrès n'est pas suffisant pour porter remède à notre faiblesse intellectuelle.

Pour nous guérir, ou tout au moins pour améliorer sérieusement notre état, il faudrait l'emploi de moyens que nos meneurs ont la volonté bien arrêtée de ne pas essayer, peut-être bien parce qu'au fond ils s'en sentent incapables. Tant que, aussi bien dans les grands centres que dans les villages les plus modestes, on enverra avec le maître d'école tout cet entourage malsain d'immoralité, de vexation et de farce que nous avons précédemment dépeint, notre vie intellectuelle, loin de se régénérer, empirera, et notre faiblesse chronique arrivera à présenter des symptômes de maladie aiguë.

Dans le chapitre suivant, qui sera le dernier de cet ouvrage, nous indiquerons le remède unique que l'on puisse, à notre avis, tenter avec quelque chance de succès.

XVI

CONCLUSION

Mais, nous demandera-t-on, y a-t-il quelque partie du pays qui soit le vrai pays et qui pense quelque chose au milieu de cet imbroglio?

Y a-t-il dans la 'nation quelque groupe qui espère ou désire en sortir?

Y a-t-il enfin quelque moyen d'enrayer la décadence de cette pauvre nation espagnole?

Nous avons répondu d'avance, dans les chapitres antérieurs, à la plupart de ces questions.

L'immoralité et l'ignorance, qui sont les traits saillants de la vie politique, sont le reflet même de l'état du pays. Nous sommes enfermés dans un cercle vicieux. Les gouvernements, les partis et les coteries, dirigeant la politique, sont tout ce que peut produire la nation dans sa situation présente, qui s'aggrave de jour en jour; et l'Espagne ne peut devenir meilleure tant que ceux qui la dirigent persisteront dans la voie funeste qu'ils suivent opiniâtrement.

Une violente secousse seule pourrait donc nous sauver.

Mais il faut un ébranlement général, une transformation complète — non seulement du gouvernement, mais encore de l'organisation de l'État.

Qui donc est capable d'une telle tâche?

Au commencement de cette étude, nous avons avancé que la nation espagnole se trouve aujourd'hui en plein état de caducité, et qu'elle est parvenue à sa décadence sans passer par l'âge viril, par l'âge de la force plénière. Nous croyons avoir suffisamment démontré la justesse de cette affirmation dans l'ensemble de notre travail. Le fait est constaté; il ne reste qu'à ajouter quelques mots sur ses causes.

L'Espagne n'est pas une nation *une*, composée d'un peuple *uniforme*.

Elle est tout le contraire.

Depuis les temps historiques les plus reculés, une grande variété de races diverses ont pris racine dans notre péninsule sans jamais se confondre. A une époque plus rapprochée, deux grands groupes se sont constitués : le *groupe castillan* et le *groupe basque-aragonais ou pyrénéen*.

Or, le caractère et les traits de ces deux groupes sont diamétralement opposés.

Le groupe central méridional, sous l'influence du sang sémitique qu'il doit à l'invasion arabe, se distingue par son esprit rêveur, par sa prédisposition à la généralisation, par son amour pour le faste, la magnificence et l'ampleur des formes. Le groupe pyrénéen, issu des races primitives, se montre beaucoup plus positif. Son génie est analytique, et, rude comme son pays, il va au fond des choses sans considérer la forme.

Le développement historique porta au premier rang le groupe rêveur et généralisateur.

Le système aragonais, au contraire, basé sur la liberté, reposant sur la confédération libre, dut céder le pas au régime castillan autoritaire, centralisateur, absorbant à outrance.

Le sort ou la fatalité nous porta à la découverte de l'Amérique.

Cette conquête et cette assimilation ne firent qu'affirmer la prépondérance du groupe central-méridional.

Tout notre sang, toute notre vie furent transportés au Nouveau Monde; et, pendant que nous dépensions là-bas toute notre force jusqu'à la défaillance, toute notre sève jusqu'à l'épuisement et que l'anémie nous gagnait, l'Europe se rajeunissait dans la Renaissance et se retrempait dans la Réforme.

A la fin, nous nous rendîmes compte de cet état de choses; mais, fiers de notre extension coloniale et de nos richesses nouvellement acquises, ignorants de notre faiblesse intérieure, nous nous abandonnâmes à la remorque du groupe castillan, plus prépondérant que jamais, et qui se jugea capable de lutter contre l'Europe entière.

Les *tercios* de Castille remportèrent des victoires éclatantes en Italie, en Flandre, en Allemagne; mais, bientôt après, la chute fut profonde et les revers dépassèrent les succès.

Notre décadence suivit immédiatement notre élévation.

Les derniers rois de la maison d'Autriche laissèrent une Espagne dépeuplée et démoralisée.

La dynastie des Bourbons acheva l'œuvre, en réduisant toute la nation à un absolutisme aveugle et en la soumettant à la centralisation absorbante de l'esprit castillan.

L'Espagne ne sortit de sa torpeur qu'au bruit de la Révolution française et des canons de Bonaparte.

A notre réveil, encore assoupis d'ailleurs, nous ne sortîmes de l'absolutisme que pour tomber dans le faux parlementarisme.

Nous avions laissé passer, sans rien faire, la féconde époque de la virilité.

De toutes ses éclatantes qualités, le groupe

central-méridional n'a gardé que l'esprit d'absorption, de réglementation, de domination. Il ne songe qu'à dominer sur les provinces, mais il le fait avec la légèreté et la nonchalance qui le caractérisent. Le Madrid que nous avons décrit, avec ses intrigues de politiciens, ses tripotages d'hommes d'affaires, le commerce facile et aimable de ses habitants, est le représentant le plus complet du genre.

D'autres grandes villes castillanes et andalouses peuvent lutter sur ce point avec la capitale, et ont encore un attrait spécial. L'étranger s'y trouve à son aise, et parfois il en sort enchanté.

Séville en est un bel exemple.

La légèreté, l'amour passionné pour les formes, la belle humeur entremêlée toujours d'une morbide mélancolie, l'excès d'imagination, qui tient lieu de toute méditation solide et se traduit dans un langage vif, animé et rempli d'images et d'expressions purement pittoresques, s'y trouvent à leur comble. Dans ses maisons à cour moresque, où tous les soirs on entend des chants et des sons de piano ou de guitare, la vie s'écoule heureusement, au moins en apparence, et l'on y exerce l'hospitalité avec toute la grâce andalouse.

Mais qu'on ne sorte pas de la ville et qu'on ne pénètre pas dans les intérieurs de ses quartiers pauvres !

Le manque d'instruction, d'industrie, de travail productif, et surtout de prévoyance et d'esprit vraiment sérieux, changent la pauvreté en misère. On la supporte bien souvent en chantant, puisque, comme dit le proverbe castillan :

Quien canta sus males espanta;

Celui qui chante effraie le malheur.

mais ces apparences sont bien tristes pour celui qui considère sérieusement les questions et sait que, dans ce que nous venons de décrire, est toute la synthèse de l'Espagne centrale-méridionale, dominatrice de la Péninsule.

La race pyrénéenne n'est pas moins déchue ; mais sa décadence est d'une autre nature.

17

Ici règnent la rudesse, les appétits terrestres, l'égoïsme jaloux.

Les Catalans et les Basques sont les travailleurs de l'Espagne.

Le groupe pyrénéen a perdu toute influence sur la marche des affaires depuis qu'il a cédé à l'esprit dominateur du groupe central.

Celui-ci ordonne, il ne reste à l'autre qu'à obéir.

La résistance sérieuse qu'il a opposée aux accapareurs du pouvoir ne date pas d'hier.

Malheureusement pour tous, le drapeau de l'absolutisme, que les combattants arborèrent dans les dernières luttes, ne pouvait être un trait d'union entre tous les patriotes de ces contrées. Il ne servit qu'à diviser l'opinion dans les régions mêmes qui soutinrent la guerre, et à affermir la domination castillane sur tout le reste de la Péninsule.

Telle est la situation présente de l'Espagne.

On peut dire que cette nation vit en pleine négation ; c'est une véritable orgie d'idées négatives.

Demandez à la plupart des Espagnols s'ils

sont monarchistes : ils vous répondront qu'ils ne le sont pas. Demandez-leur s'ils sont républicains, ils vous répondront qu'ils ne le sont pas davantage.

Que sont-ils donc ?

Ils ne veulent pas le savoir : la négation leur suffit.

Ils sont fatigués de tout.

L'antique fatalisme musulman nous envahit de nouveau. Le paysan végète misérablement, sans faire le moindre effort pour sortir de l'ignorance, de la routine, de la pauvreté. Le citadin vit du paysan, lequel vit à peine de sa terre.

Le Progrès n'a pas encore pénétré ici.

Le mouvement intellectuel y est presque nul.

La presse politique seule sert de pâture aux esprits, et quelle pitance !

La librairie de fonds est dans un état rudimentaire.

On ne publie guère que des éditions de luxe, imprimées avec des clichés usés, qu'on relie fastueusement pour l'ornement des bibliothèques, et que l'on se garde bien de feuilleter.

La lecture se borne à des romans frivoles ou à des insanités pornographiques.

Au milieu de ce néant, une seule idée positive subsiste.

Elle se résume dans l'absorption de toutes les Espagnes par le groupe central, dont la grande préoccupation du moment est d'imposer la législation castillane à toutes les régions pyrénéennes.

C'est la fin de la fin.

Mais nous nous trompons en disant que celle-ci est une idée positive.

En réalité, elle est aussi négative que toutes les autres, car l'esprit de domination et d'absorption s'y manifeste sous sa forme destructive. Il a anéanti tout ce que nous conservions de caractéristique, tout ce qui constituait notre force; et en échange il nous a donné, quoi? le faux parlementarisme, dont nous avons dépeint les révoltantes monstruosités.

Le groupe prédominant, dominé à son tour par les coteries qui se sont fait un fief du gouvernement de l'Espagne, se trouve satisfait de régner, ne serait-ce que sur des ruines.

Il veut commander, et il commande.

Séparé de la vie réelle et du concert européen; vivant dans l'illusion qu'il constitue une race supérieure et se nourrissant du souvenir de son passé; entretenant le petit peuple dans un état misérable par l'obligation où il est de soutenir le luxe de ses meneurs, ce groupe, toujours imprévoyant et léger, s'est persuadé que cet état de choses durera éternellement.

Son désir de domination est satisfait, et il ne se préoccupe pas d'autre chose.

S'il a besoin de vaisseaux de guerre, les arsenaux anglais les fournissent.

Faut-il des articles de fantaisie, des vêtements, des outils : les fabricants français, allemands, belges, n'attendent que nos ordres.

Si des ouvrages scientifiques, des lois, des codes, des Constitutions même lui sont nécessaires, il ne se donne pas la peine de méditer : il a tout simplement recours à des traductions plus ou moins libres de ce qui se fait dans d'autres pays unifiés et assujettis comme nous à des pouvoirs absorbants et autoritaires.

17.

Le système français a été jusqu'ici notre modèle, et c'est lui que nous avons tenté de copier.

Madrid cherche par tous les moyens à paraître un petit Paris, et, s'il ne parvient à lui ressembler ni par ses lumières, ni par son activité dans les sciences, l'industrie et les arts, par contre il imite parfaitement son modèle dans tout ce qui a trait à l'absorption et à la domination des provinces par la capitale.

Par malheur pour Madrid, les nations étrangères ne sont pas sous sa dépendance, et il ne peut pas les exploiter comme les provinces ; il faut donc qu'il se rabatte sur la richesse nationale pour nourrir son oisiveté.

Nous voici arrivé au terme de ce travail, qui, réduit aux dimensions que permet une simple étude, n'est pas aussi complet qu'on pourrait le souhaiter.

Nous n'avons pas la prétention d'avoir montré le triste état de notre pauvre pays dans toute sa désolante nudité ; nous avons seulement désiré attirer l'attention des lecteurs étrangers sur quelques détails de notre état social et politique, détails que la plupart d'entre eux ignoraient assurément.

Notre patriotisme nous imposait l'obligation de dévoiler une partie des misères qui nous conduisent rapidement à une ruine complète.

Le premier pas pour tenter la guérison d'une maladie est d'en étudier les symptômes et les effets. L'art médical est impuissant à guérir le malade qui s'oppose à cette épreuve préalable.

Ce salut, sommes-nous en droit de l'espérer?

Serons-nous aussi fatalistes que la plupart de nos concitoyens ?

Nous ne pouvons jamais perdre toute espérance, et, quoique nous considérions la chose comme presque impossible, une seule probabilité nous suffit pour conserver notre confiance en l'avenir.

Notre maladie est si grave, qu'une forte secousse peut seule nous guérir, ou tout au moins nous soulager.

Et cette secousse, pour être efficace, doit commencer par ceci :

Détruire jusque dans ses plus profondes racines le faux parlementarisme, en balayant tous ces partis, ces coteries, ces bandes, qui se partagent le pouvoir et répandent jusqu'aux derniers confins de la nation l'immoralité, qui est devenue le trait le plus saillant de notre caractère;

Détruire aussi l'uniformité et l'autoritarisme centralisateur qui étouffe et détruit tout ce qui nous restait des conditions historiques, et les remplacer par une organisation vraiment libre, basée sur un système réellement représentatif,

Et anéantir enfin la prépondérance et la domination exclusive du groupe central-méridional en les partageant avec le groupe pyrénéen.

Seule, l'harmonie entre l'esprit généralisateur castillan et le caractère analytique des régions qui constituaient l'ancienne confédération aragonaise peut produire la synthèse d'une nouvelle organisation de l'État, qui nous conduise à une nouvelle vie politique et sociale et nous relève aux yeux des nations cultivées.

FIN

TABLE DES MATIÈRES

IMPRIMERIE ÉMILE COLIN, A SAINT-GERMAIN

FRANÇOIS LOYAL

L'ESPIONNAGE ALLEMAND

EN FRANCE

1871-1887

RÉVÉLATIONS ET DOCUMENTS

Un volume in-18 jésus à 3 fr. 50

Au lendemain de l'affaire Schnœbelé et du procès de Leipzig, la lecture de ce livre s'impose.

Les libraires d'Alsace-Lorraine ont demandé que cet ouvrage ne leur soit pas envoyé d'office, *sûrs d'avance que la police allemande saisirait les exemplaires.*

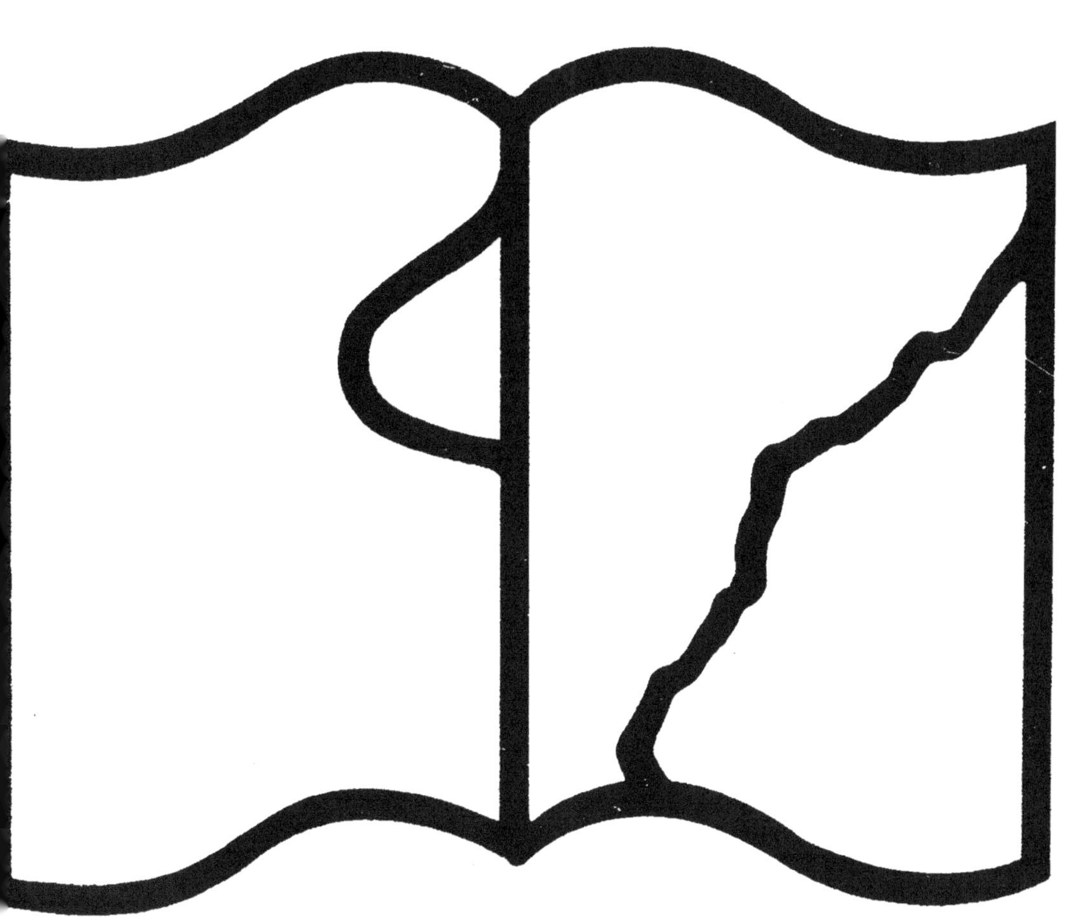

Texte détérioré — reliure défectueuse

NF Z 43-120-11

www.ingramcontent.com/pod-product-compliance
Lightning Source LLC
Chambersburg PA
CBHW061444060726
47597CB00002B/456